W0399020

# APPLICAZIONI DI MACROECONOMIA

MARIO MENEGATTI

# APPLICAZIONI DI MACROECONOMIA

*Seconda edizione*

IUSTITIAM COLIMUS
G. Giappichelli Editore

VIA PO, 21 - TEL. 011-81.53.111 - FAX 011-81.25.100
http://www.giappichelli.it

ISBN/EAN 978-88-921-1702-0

*Stampa:* LegoDigit s.r.l. - Lavis (TN)

# INDICE

# PREFAZIONE

Il testo "Applicazioni di macroeconomia" nasce con un duplice scopo. Da un lato, esso vuole fornire alcuni approfondimenti di temi di politica economica che sono di norma trascurati nei manuali di macroeconomia. Dall'altro, esso è stato preparato con l'intento di rendere disponibile agli studenti un ampio set di esercizi numerici su diversi problemi derivati da alcuni classici modelli macroeconomici. I due obiettivi descritti sono perseguiti rispettivamente nella prima e nella seconda parte del libro.

Alcune precisazioni sono necessarie per un proficuo utilizzo del materiale proposto. Con riferimento all'esame della politica economica, contenuta nella prima parte del testo, è importante sottolineare che esso si limita ad una analisi di breve periodo e non considera in alcun modo le politiche di natura strutturale. Tutte le considerazioni proposte sono, dunque, appropriate solo se riferite all'orizzonte temporale specificato. Dal punto di vista degli strumenti impiegati, inoltre, l'analisi utilizza un insieme di conoscenze preliminari molto ridotte, che sono state riassunte nella prima sezione. Il testo può essere dunque sia impiegato come strumento autonomo per la didattica che affiancato ad un manuale di macroeconomia come lettura di approfondimento.

Per quanto riguarda la seconda parte del volume è, invece, opportuno sottolineare che, poiché gli esercizi proposti sono applicazioni associate ad alcuni dei più tradizionali modelli di analisi macroeconomica, il volume si limita a richiamarne brevemente i riferimenti teorici senza trattarli in modo approfondito e rinviando per un loro esame completo e sistematico all'utilizzo dei più comuni manuali che studiano la disciplina.

Desidero, infine, ringraziare i molti amici e colleghi che mi hanno fornito utili suggerimenti sia dopo la lettura delle versioni preliminari di questo testo sia nell'ambito di discussioni sui limiti più rilevanti dei tradizionali corsi di macroeconomia. Un ringraziamento particolare è dovuto a Mario Biagioli, Carluccio Bianchi, Marco Magnani e Gilberto Seravalli.

MARIO MENEGATTI

# PREMESSA ALLA PARTE PRIMA

L'esame della politica economica attuata nel breve periodo rappresenta un tema di sempre maggiore interesse sia per l'analisi scientifica che nei dibattiti sui media e fra le istituzioni internazionali. L'individuazione delle misure più opportune per promuovere la crescita di un sistema economico durante le fasi di stagnazione e degli strumenti adatti per controllare la dinamica dell'inflazione e della disoccupazione rappresenta, infatti, un aspetto centrale nell'azione delle autorità politiche. La comprensione degli effetti sul sistema economico delle politiche attuate è, inoltre, essenziale sia per le valutazioni degli operatori specializzati sia per una corretta informazione dei cittadini.

Alla luce dell'importanza di questi problemi, un corso di macroeconomia dedica normalmente alcune lezioni all'esame dell'impiego della politica economica nel breve periodo. Tale esame viene di norma attuato all'interno del modello IS-LM, sviluppato da Hicks e a Hansen, valutando le conseguenze sull'equilibrio di breve periodo di variazioni nel livello delle variabili fiscali o in quello dell'offerta di moneta. Tale tipo di trattazione, peraltro, pur essendo coerente con gli obiettivi di un corso di macroeconomia, si configura come un'analisi molto semplificata dei meccanismi di azione delle autorità di politica economica che non permette di approfondire in modo soddisfacente né gli obiettivi per cui la politica economica di breve periodo viene attuata né gli strumenti impiegati per implementarla.

Un limite particolarmente significativo è costituito dal fatto che tale tipologia di analisi studia gli effetti della politica monetaria impiegando come unico strumento il livello dell'offerta di moneta rendendo necessario trascurare lo strumento utilizzato oggi dalla pressoché totalità delle banche centrali, rappresentato dal controllo dei tassi di interesse. Altri elementi spesso ignorati, o quantomeno sacrificati, nella trattazione sono, inoltre, le asimmetrie prodotte dall'incertezza negli effetti della politica economica e le conseguenze dell'impiego congiunto di politica fiscale e politica monetaria.

La notevole rilevanza dei limiti dell'impiego della sola formalizzazione del modello IS-LM nell'analisi della politica economica è stata, peraltro, evidenziata anche all'interno della letteratura specializzata. In tale logica possono essere interpretati, ad esempio, il lavoro di Poole del 1970, che estende l'analisi del modello IS-LM ad un contesto in cui si introduce l'incertezza, e i recenti contributi di Romer, che propongono un diverso approccio per la descrizione dell'equilibrio di breve periodo, che utilizza il controllo dei tassi di interesse come strumento di politica monetaria.

Lo scopo della prima parte di questo testo è quello di fornire un approfondimento sull'impiego della politica economica nel breve periodo, esaminando in modo esplicito l'insieme di questi problemi. Il lavoro considera, per tale ragione, alcuni dei risultati dei contributi più recenti di analisi della politica economica, proponendone una rilettura organica affiancata da alcune applicazioni connesse all'esperienza storica corrente.

La struttura del testo è la seguente. La sezione uno presenta alcune conoscenze preliminari di macroeconomia necessarie per costruire gli strumenti analitici impiegati nelle sezioni seguenti. La sezione due fornisce una breve introduzione sul concetto di politica economica nel breve periodo, come intesa all'interno di questo lavoro, e ne esamina gli obiettivi, gli attori e gli strumenti operativi. La sezione tre studia gli effetti della politica fiscale, considerando sia le manovre che agiscono sul livello della spesa pubblica che quelle che influenzano la tassazione. Gli effetti della politica fiscale sono approfonditi nella sezione quattro che esamina le conseguenze delle decisioni di politica fiscale sui conti pubblici e la relazione esistente fra deficit e debito pubblico. La sezione cinque inizia l'esame della politica monetaria, studiandone gli effetti sull'equilibrio di breve periodo sotto l'ipotesi che la Banca Centrale impieghi come strumento l'offerta di moneta. L'impiego dello strumento alternativo, rappresentato dal controllo dei tassi di interesse, è, invece, presentato nella sezione sei. Nella sezione sette si introduce l'ipotesi che le scelte di politica monetaria debbano essere attuate in un contesto in cui le caratteristiche dell'equilibrio di breve periodo non siano determinabili in modo esatto e si esamina quali scelte si rivelino più opportune in presenza di incertezza sui mercati reali e sui mercati finanziari. L'esame della politica monetaria viene completato nella sezione otto dalla descrizione della cosiddetta "regola di Taylor". La sezione nove considera l'impiego congiunto di politica fiscale e politica monetaria presentando diversi esempi di mix di politica economica e proponendo alcune applicazioni. La sezione dieci esamina la cosiddetta "proposizione di equivalenza ricardiana", analizzandone le implicazioni per la politica fiscale. La sezione undici studia, infine, la relazione fra inflazione e disoccupazione e le sue implicazioni per la politica economica.

# Parte Prima
# LA POLITICA ECONOMICA NEL BREVE PERIODO

## 1. *Conoscenze preliminari: il funzionamento del mercato dei beni e del mercato della moneta nel breve periodo*

Prima di esaminare gli obiettivi e l'azione della politica economica è necessario riassumere brevemente l'insieme di elementi che caratterizzano l'equilibrio di breve periodo di un sistema economico. A tale scopo esamineremo in questo paragrafo in modo rapido le caratteristiche dell'equilibrio dei mercati dei beni e dell'equilibrio dei mercati finanziari di un sistema economico. È importante sottolineare come un'analisi dettagliata del funzionamento di tali mercati non sia fra gli scopi di questo libro e come, di conseguenza, si rinvii per una trattazione completa di questi temi ad un testo di macroeconomia. L'analisi proposta in questo paragrafo vuole, quindi, solo presentare un insieme di conoscenze che sono preliminari all'esame degli effetti della politica economica di breve periodo.

Iniziamo la nostra analisi studiando il funzionamento del mercato dei beni. Assumiamo che il sistema economico studiato sia una economia chiusa, ossia che esso non abbia rapporti con l'estero. Sotto tale ipotesi la domanda aggregata di beni e servizi (Z) è rappresentata dalla somma della domanda delle famiglie (detta "consumo" (C)), della domanda delle imprese (detta "investimento" (I)) e della domanda di Stato e amministrazioni pubbliche (detta "spesa pubblica" (G)) [1]. L'equazione di domanda aggregata è, dunque, pari a

$$Z = C + I + G \qquad [1]$$

Si assume che nel sistema economico venga prodotto un unico bene che può essere impiegato per soddisfare tutte le componenti della domanda.

---

[1] In un'economia aperta, alle tre componenti citate dovrebbero essere aggiunte le esportazioni e sottratte le importazioni.

La domanda di beni di consumo rappresenta la domanda di beni e servizi da parte delle famiglie [2]. Le modalità con cui le famiglie effettuano le loro decisioni in merito al livello di beni da acquistare sono sintetizzate tramite una semplice equazione di comportamento. Si assume, in particolare, che i consumi siano una funzione crescente del livello del reddito disponibile ($Y^d$), dove per reddito disponibile si intende il reddito (Y) al netto delle tasse (T). Si noti come la grandezza T esprima le imposte al netto dei trasferimenti [3]. Utilizzando una formulazione generale abbiamo quindi

$$C = C(Y^d) \quad [2]$$

con

$$Y^d = Y - T \quad [3]$$

L'equazione [3] può, per semplicità, essere espressa tramite una equazione lineare. Abbiamo in questo caso

$$C = C_0 + c_1 Y^d \quad \text{con} \quad 0 < c_1 < 1 \quad [4]$$

Il parametro $C_0$ è chiamato consumo autonomo e rappresenta tutti quegli elementi che influenzano le scelte di consumo ma non dipendono dal livello del reddito disponibile. Fra essi debbono essere ricordati, ad esempio, i gusti, la ricchezza e la fiducia dei consumatori nel futuro. Il parametro $c_1$ è chiamato propensione marginale al consumo ed indica di quanto aumentano i consumi se il livello del reddito disponibile aumenta di un euro. Il parametro $c_1$ è compreso fra 0 e 1 perché, per ogni euro aggiuntivo di reddito disponibile, le famiglie ne consumano una quota risparmiandone la parte restante. Così se, ad esempio, $c_1$ è pari a 0,6, per ogni euro aggiuntivo di reddito disponibile le famiglie consumano 60 centesimi e ne risparmiano 40.

---

[2] Fra i beni si distinguono i beni durevoli (con vita media superiore a tre anni) ed i beni non durevoli (con vita media inferiore a tre anni).

[3] I trasferimenti alle famiglie possono essere visti come una imposta negativa.

L'investimento è rappresentato dalla domanda di beni capitale acquistati dalle imprese per svolgere la propria attività produttiva[4]. La determinazione del valore degli investimenti deriva, quindi, dalle scelte ottimali delle imprese. Tali scelte sono determinate principalmente da due fattori. Gli investimenti dipendono, in primo luogo, dal livello della produzione aggregata. Una maggiore produzione aggregata spingerà, infatti, le imprese a ritenere di avere bisogno di uno stock di capitale maggiore e quindi ad acquistare nuovi beni capitale. Si noti che la produzione aggregata deve essere indicata con la variabile Y come il reddito aggregato, alla luce del fatto che, per una identità contabile, le due grandezze coincidono.

Gli investimenti dipendono, inoltre, negativamente dal tasso di interesse (indicato con la variabile i) poiché un tasso di interesse maggiore implica un maggior costo per le imprese nell'acquisto di nuovi beni capitale. Si noti che tale affermazione è corretta sia se le imprese prendono a prestito i fondi necessari per acquistare il nuovo capitale sia se le imprese ricorrono all'autofinanziamento. Nel primo caso il legame con il tasso di interesse deriva dal fatto che un maggior tasso di interesse implica un maggiore costo del finanziamento ottenuto. Nel secondo caso il legame deriva dal fatto che un maggiore tasso di interesse implica la rinuncia ad una maggiore remunerazione ottenibile con impieghi alternativi dei propri fondi e costituisce quindi un maggior costo opportunità.

Alla luce delle considerazioni precedenti il livello degli investimenti può essere espresso tramite una equazione del tipo

$$I = I(Y, i) \qquad [5]$$

Utilizzando, per semplicità una equazione lineare si ottiene

$$I = I_0 + d_1 Y - d_2 i \quad \text{con} \quad d_1 \text{ e } d_2 > 0 \qquad [6]$$

---

[4] Si considerano per semplicità come beni di investimento anche le scorte.

dove $I_0$ è l'investimento autonomo che è determinato da tutti quegli elementi (come ad esempio lo stato di fiducia degli imprenditori) che influenzano le scelte di investimento ma non dipendono dal livello del reddito e del tasso di interesse.

La spesa pubblica è, infine, rappresentata dall'acquisto di beni e servizi da parte dello Stato e delle amministrazioni pubbliche[5]. Per quanto concerne tale grandezza si assume che essa sia una variabile esogena, controllata pienamente dal Governo. Tale scelta è dovuta alla necessità di rendere il valore della spesa pubblica modificabile a piacimento in modo da poter così valutare gli effetti di una variazione del suo valore per studiare le conseguenze di diverse scelte di politica economica. Per la medesima ragione si assume che sia esogeno e pienamente controllato dal Governo anche il livello delle tasse T.

Imponendo la condizione di equilibrio del mercato dei beni per cui la produzione aggregata di beni deve essere uguale alla domanda aggregata di beni, si ottiene

$$Y = Z = C + I + G \qquad [7]$$

sostituendo le equazioni precedenti abbiamo

$$Y = C_0 + c_1 Y^d + I_0 + d_1 Y - d_2 i + G \qquad [8]$$

da cui, dopo alcuni passaggi algebrici, si ha

$$Y = \frac{1}{1 - c_1 - d_1}(C_0 - c_1 T + I_0 - d_2 i + G) \qquad [9]$$

L'espressione ottenuta indica come il livello della produzione di equilibrio sia pari al prodotto fra il cosiddetto moltiplicatore del reddito ($1/1 - c_1 - d_1$) e la somma di tutte le componen-

---

[5] È utile sottolineare che tale definizione esclude da G la spesa per trasferimenti che, come già ricordato, è conteggiata in T con segno negativo. I trasferimenti sono da intendersi al netto della spesa per interessi che verrà introdotta esplicitamente nella sezione quattro all'interno dell'analisi degli effetti della politica fiscale sul disavanzo pubblico.

ti autonome di spesa, dette nel loro insieme spesa autonoma.

L'esame della condizione di equilibrio del mercato dei beni indica chiaramente come essa rappresenti una relazione decrescente fra reddito e tasso di interesse. Tale relazione, detta curva IS può essere rappresentata in un diagramma cartesiano, come evidenziato nella Figura 1 [6-7]. La curva mostrata nella figura evidenzia l'insieme di tutte le coppie di valori di reddito e tasso di interesse che garantiscono che il mercato dei beni sia in equilibrio.

**Figura 1.** – *La curva IS*

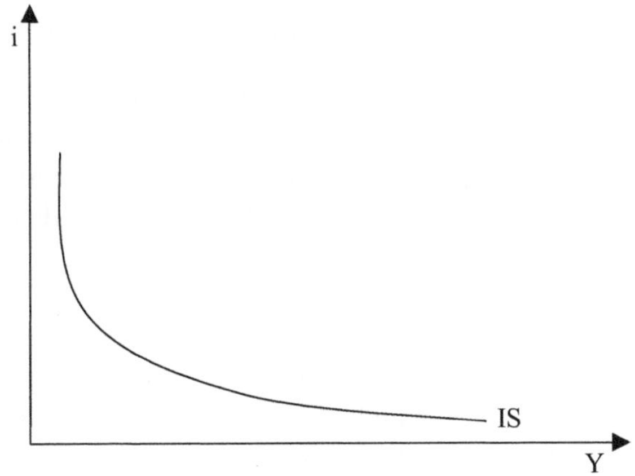


[6] Il modello IS-LM qui presentato è stato utilizzato per la prima volta nei celebri lavori di Hicks (1937) e Hansen (1949).

[7] La curva è chiamata IS perché l'equilibrio del mercato dei beni, ottenuto imponendo che offerta aggregata di beni e domanda aggregata di beni siano uguali, è caratterizzato anche dall'uguaglianza fra investimento (I) e risparmio (S). Nel modello originario di Hicks (1937), data l'assunzione di assenza di un settore pubblico, l'eguaglianza riguardava investimento e risparmio privati. Essa rimane corretta anche nel contesto qui esaminato facendo riferimento a grandezze aggregate, relative sia al settore pubblico che al settore privato.

È importante sottolineare come il livello della produzione determinato nel mercato dei beni sia connesso a quello di altre variabili. In primo luogo, poiché un maggior livello di produzione rende necessario l'impiego di un maggior numero di lavoratori, abbiamo una relazione decrescente fra il livello del prodotto ed il tasso di disoccupazione (indicato con la variabile u)

$$u = f(Y) \qquad [10]$$

L'evidenza empirica e la teoria economica mostrano, inoltre, come, con riferimento al breve periodo, esista una relazione crescente fra il livello della produzione ed il tasso di inflazione ($\pi$) di una economia per cui

$$\pi = g(Y) \qquad [11]$$

Tale relazione (detta curva di Phillips dal nome dell'economista che per primo ne ha identificato le caratteristiche) indica che ad un livello di produzione più elevato corrisponde un maggiore tasso di inflazione, ossia una crescita più rapida del livello dei prezzi.

Senza esaminare nei dettagli la teoria relativa alla curva di Phillips, una semplice spiegazione della relazione da essa descritta può essere la seguente. Un maggior livello del prodotto implica una maggiore domanda di lavoro da parte delle imprese. L'aumento della domanda di lavoro genera, a sua volta, un incremento dei salari nominali che fa crescere i costi di produzione, accelerando la dinamica dei prezzi [8].

Si noti, inoltre, che la formulazione più tipica della Curva di Phillips considera la relazione fra inflazione e disoccupazione. Tale formulazione verrà esaminata nel paragrafo 12. In tale occasione si approfondiranno anche alcune implicazioni della curva di Phillips per la politica economica.

---

[8] È implicita in questa spiegazione l'assunzione che le imprese adottino una regola di mark up per la determinazione dei prezzi.

All'analisi dell'equilibrio del mercato dei beni deve essere affiancata l'analisi del funzionamento dei mercati finanziari. Si assume a tale proposito, che gli individui debbano allocare la propria ricchezza fra due possibili attività finanziarie, rappresentate dalla moneta e da un titolo. La quota di ricchezza che viene detenuta sotto forma di moneta presenta il vantaggio di garantire agli individui la possibilità di essere impiegata immediatamente e senza costi per effettuare transazioni. Tale quota, però, non fornisce alcuna forma di remunerazione. Per tali ragioni, si dice che gli individui detengono moneta per uno scopo di tipo transattivo. La quota di ricchezza che viene detenuta sotto forma di titoli non può, al contrario, essere impiegata immediatamente per acquistare beni. Tale quota fornisce, però, una remunerazione costituita dal tasso di interesse pagato ai possessori dei titoli. Gli individui detengono, quindi, parte della propria ricchezza in titoli allo scopo di lucrare gli interessi pagati. Sulla base di questo ragionamento è possibile concludere che, data la ricchezza complessiva che deve essere allocata, la domanda di moneta da parte degli individui è una funzione crescente del livello del reddito, che approssima il livello delle transazioni, ed è una funzione decrescente del tasso di interesse. Esprimendo la relazione in termini reali si ottiene

$$M^d = L(Y, i) \qquad [12]$$

Utilizzando, come per le grandezze esaminate in precedenza, una equazione lineare abbiamo, infine,

$$M^d = L_0 + f_1 Y - f_2 i \quad \text{con} \quad f_1 \text{ e } f_2 > 0 \qquad [13]$$

Si assume che l'offerta di moneta sia una variabile esogena pienamente controllata dalla Banca Centrale. Sotto tale ipotesi, definendo P come il livello generale dei prezzi e $M^S/P$ come l'offerta reale di moneta, la condizione di equilibrio del mercato della moneta è espressa dalla relazione

$$M^s/P = L(Y, i) \qquad [14]$$

È importante sottolineare che, poiché esistono due sole attività finanziarie, l'equilibrio del mercato della moneta garantisce anche quello del mercato dei titoli. La condizione [14] può, dunque, essere vista come la condizione di equilibrio dei mercati finanziari.

L'esame della condizione di equilibrio dei mercati finanziari evidenzia come essa rappresenti una relazione crescente fra reddito e tasso di interesse. Tale relazione, detta curva LM è rappresentata nella Figura 2[9]. La curva indica l'insieme di tutte le coppie di valori di reddito e tasso di interesse che garantiscono che i mercati finanziari siano in equilibrio.

**Figura 2.** – *La curva LM*

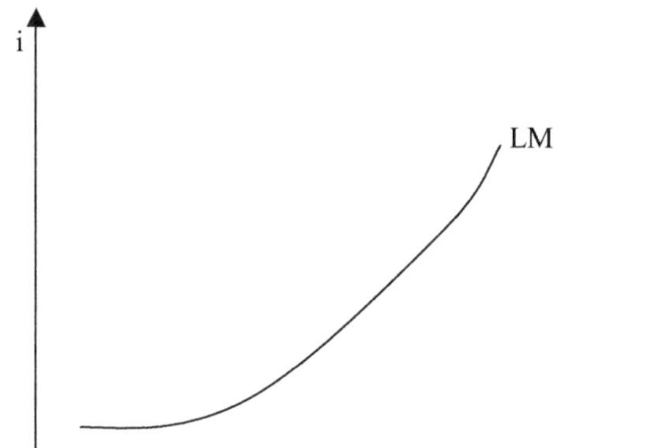


Per concludere l'analisi dei mercati finanziari è importante sottolineare che ogni variazione di domanda ed offerta di moneta genera mutamenti nell'equilibrio del mercato dei titoli. Per

[9] La curva è chiamata LM perché rappresenta l'uguaglianza fra la domanda di moneta (espressa dalla funzione L(.)) e l'offerta di moneta (espressa dalla grandezza $M^S$).

quanto riguarda la domanda di moneta, se gli individui decidono di detenere una quota maggiore della propria ricchezza nell'attività più liquida (ad esempio perché il reddito aggregato è aumentato), essi riducono la quota detenuta nell'altra attività, domandando meno titoli. Per quanto riguarda l'offerta di moneta, se la Banca Centrale vuole aumentarne il livello, essa agisce sul mercato dei titoli attuando una operazione di mercato aperto. Tramite questa operazione essa immette nuova moneta nel sistema economico acquistando titoli.

È utile anche spiegare come la variazione della domanda di titoli appena descritta agisce sul livello del tasso di interesse. Ogni volta che la domanda di titoli cresce si ha un aumento del prezzo degli stessi. Dato il valore di rimborso $V_1$ ed assumendo l'assenza di cedole (ossia che il titolo esaminato sia uno *zero coupon bond*) e che il titolo abbia una durata uniperiodale, il tasso di interesse pagato può essere definito come

$$i = \frac{V_1}{V_0} - 1 \qquad [15]$$

dove $V_0$ è il prezzo del titolo. L'aumento del prezzo dei titoli, causato dall'incremento dell'offerta di moneta, genera una riduzione del tasso di interesse pagato sul mercato.

La condizione di equilibrio del mercato dei beni e la condizione di equilibrio dei mercati finanziari possono essere esaminate congiuntamente rappresentando la curva IS e la curva LM nello stesso diagramma cartesiano, come mostrato nella Figura 3.

Il punto di intersezione fra le due curve è l'unico punto in cui sia la condizione di equilibrio del mercato dei beni che quella dei mercati finanziari sono soddisfatte contemporaneamente. Tale punto rappresenta, dunque, l'equilibrio generale di breve periodo del sistema. La coppia di valori $Y_0$ e $i_0$, da esso determinati, è l'unica che garantisce che sia il mercato dei beni che i mercati finanziari siano in equilibrio. Tali valori rappresentano, dunque, i valori di equilibrio di reddito e tasso di interesse nell'equilibrio generale di breve periodo.

**Figura 3.** – *L'equilibrio di breve periodo*

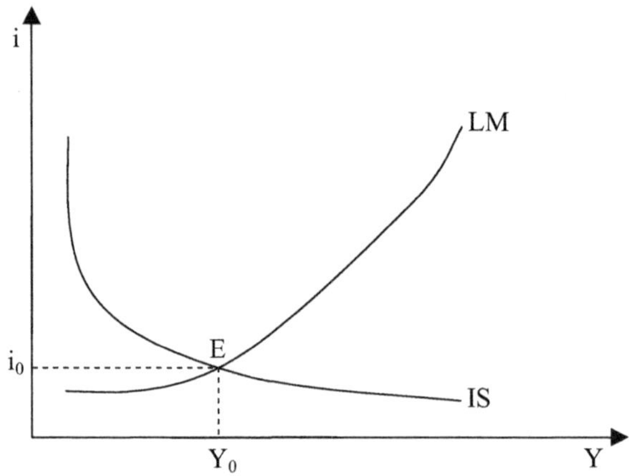


## 2. *Introduzione: obiettivi e strumenti della politica economica*

Per gli scopi della nostra analisi possiamo definire la *politica economica di breve periodo* come l'insieme degli interventi attuati dall'autorità politica e dall'autorità che agisce sui mercati finanziari per modificare l'equilibrio di breve periodo di un sistema economico.

Il benessere di un sistema economico è tanto più elevato quanto maggiore è il suo livello di produzione (o reddito) aggregata, quanto minore è il numero di disoccupati al suo interno e quanto più lenta è in esso la crescita dei prezzi. Per tale ragione, i principali obiettivi della politica economica sono un elevato livello della produzione (o una sua rapida crescita), un modesto tasso di disoccupazione ed un tasso di inflazione quanto più possibile vicino a zero [10]. Gli obiettivi citati costituiscono il principa-

[10] La teoria economica ritiene che in alcuni casi il tasso di inflazione

le riferimento della politica economica sia nel breve che nel medio-lungo periodo. In un'ottica di breve, peraltro, essi sono perseguiti in relazione alle fluttuazioni dell'equilibrio del sistema economico dovute all'eventuale verificarsi di shock esogeni mentre nel medio-lungo periodo essi vengono perseguiti agendo sulle caratteristiche strutturali dell'economia. Le tipologie di politiche attuate nei due orizzonti temporali sono, dunque, notevolmente differenti.

Nell'ottica di breve periodo esaminata in questo testo, inoltre, i valori di produzione, disoccupazione e inflazione sono parzialmente interdipendenti. Come evidenziato dalle equazioni [10] e [11], infatti, promuovere una elevata crescita della produzione significa ottenere risultati favorevoli anche per la disoccupazione ma implica anche peggiorare la dinamica dei prezzi. Al contrario ridurre l'inflazione implica un regresso per ciò che riguarda il livello del prodotto ed un incremento della dimensione della disoccupazione.

Alla luce dell'analisi precedente, la politica economica di breve periodo può agire in due direzioni. Un primo tipo di intervento può essere attuato allo scopo di incrementare il livello del reddito. Tale manovra viene effettuata quando il sistema economico si trova in una fase di recessione in cui c'è una stagnazione della produzione, un'elevata disoccupazione ed una inflazione modesta. Si supponga, ad esempio, che si sia verificato uno shock negativo sul consumo autonomo dovuto ad un peggioramento della fiducia dei consumatori. Come mostrato dall'equazione [9], uno shock di questo genere modifica l'equilibrio del mercato del beni causando una riduzione della produzione di equilibrio. Tale fenomeno può essere contrastato da una manovra di politica economica che favorisca la crescita del prodotto. Una politica economica di questo tipo è detta *politica espansiva*.

---

ottimale si situi non a zero ma intorno al 2%. Per semplicità di analisi, il testo trascura questo problema.

Un secondo tipo di manovra di politica economica di breve periodo viene attuata, al contrario, allo scopo di ridurre l'inflazione rallentando la crescita della produzione. Tale intervento viene effettuato nel caso in cui il sistema economico sia caratterizzato da una forte espansione in cui il prodotto cresce rapidamente, la disoccupazione è bassa ma i prezzi evidenziano una dinamica troppo accentuata. Si assuma, in particolare, che, all'opposto rispetto al caso precedente, si verifichi un improvviso incremento dei consumi autonomi. Tale incremento genera una espansione del livello del prodotto (come mostrato dalla [9]). L'equazione [11] evidenzia peraltro come a tale incremento si affianchi un aumento dell'inflazione. Qualora l'accelerazione della dinamica dei prezzi sia giudicata eccessiva da parte delle autorità di politica economica, esse possono agire allo scopo di ridurre l'espansione di Y. Una politica attuata a tale scopo è detta *politica restrittiva*.

Gli strumenti impiegati dalla politica economica di breve periodo si dividono in due categorie. In primo luogo è possibile agire modificando l'entità delle voci del bilancio pubblico, ossia le entrate e le uscite dello Stato. Sono, in particolare, strumenti di politica economica il livello delle *tasse* (T) ed il livello della *spesa pubblica* (G). Tali strumenti sono controllati dall'autorità politica (che per semplicità identificheremo con il Governo) ed attengono alle scelte che riguardano la fiscalità di un sistema economico. Per questa ragione, la politica che impiega tali strumenti è detta *politica fiscale*.

La seconda tipologia di strumenti impiegata nella politica economica è rappresentata da un insieme di strumenti che agiscono nei mercati finanziari di un sistema economico. Due strumenti principali possono essere impiegati a tale proposito: il livello dell'*offerta di moneta* ed il *tasso di interesse di riferimento*. I due strumenti descritti vengono impiegati in modo alternativo e sono controllati dalla Banca Centrale. La politica attuata impiegando tali strumenti è detta *politica monetaria*.

## 3. *La politica fiscale*

Esaminiamo ora gli effetti di una politica attuata tramite gli strumenti di politica fiscale. Assumiamo, in particolare, che le autorità di politica economica ritengano che il livello del reddito di equilibrio sia troppo ridotto. Una situazione di questo genere può verificarsi, ad esempio, nel caso in cui si sia generato uno shock negativo su una delle componenti della domanda, come una riduzione del livello dei consumi autonomi causato da un peggioramento della fiducia delle famiglie.

Qualora il Governo voglia intervenire allo scopo di agire sul livello della produzione per aumentarlo, esso può impiegare alternativamente i due strumenti di politica economica a sua disposizione rappresentati dal livello delle tasse e dal livello della spesa pubblica. Un primo tipo di manovra espansiva è costituito da una riduzione del livello della tassazione, mantenendo inalterato quello della spesa pubblica. Dal punto di vista grafico una diminuzione delle tasse genera uno spostamento della curva IS verso destra come evidenziato nella Figura 4.

**Figura 4.** – *Gli effetti di una riduzione della tassazione*

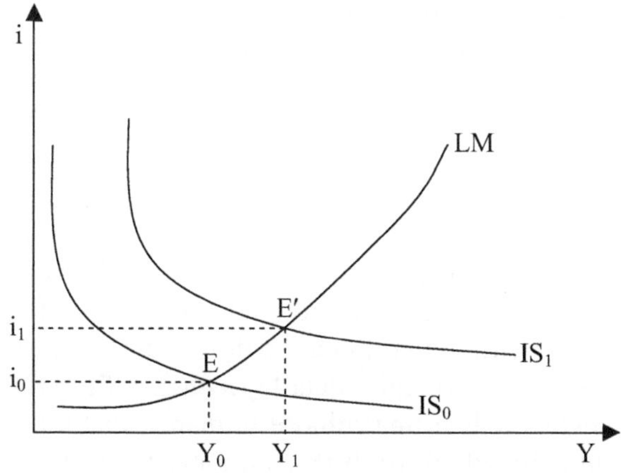

Il nuovo equilibrio del sistema è determinato dall'intersezione fra la curva LM, che rappresenta, come in precedenza, l'equilibrio dei mercati finanziari e la nuova curva IS, che rappresenta la nuova condizione di equilibrio del mercato dei beni, dato il nuovo livello della tassazione. Confrontando il precedente equilibrio rappresentato dal punto E, con il nuovo, rappresentato dal punto E′, si rileva chiaramente come la manovra abbia generato un incremento del livello della produzione affiancato ad un aumento del tasso di interesse.

Dal punto di vista dell'analisi economica è possibile sintetizzare in modo semplice la sequenza di effetti che hanno causato tali conseguenze. La riduzione delle tasse attuata dal Governo agisce inizialmente sul reddito disponibile delle famiglie. A parità di produzione, e quindi di reddito lordo, un livello di tassazione più basso implica che il reddito disponibile $Y^d$ risulti più elevato. L'incremento del reddito disponibile causa, a sua volta, un aumento dei consumi, che dipendono positivamente da $Y^d$. L'aumento dei consumi genera un incremento della domanda aggregata di beni che implica, in equilibrio, un aumento della produzione. A tale effetto si aggiungono, inoltre, gli effetti indiretti descritti dal meccanismo del moltiplicatore del reddito che aumentano ulteriormente il livello del prodotto.

Dopo aver descritto il meccanismo all'origine dell'espansione della produzione generata dalla manovra di politica fiscale espansiva, possiamo esaminare le ragioni all'origine dell'aumento del tasso di interesse. Tale aumento si giustifica sulla base delle dinamiche che guidano il funzionamento dei mercati finanziari. In particolare, la crescita del reddito, causata dalla manovra spinge, tramite il movente transattivo, le famiglie ad allocare una quota maggiore della propria ricchezza nell'attività perfettamente liquida, aumentando la domanda di moneta. L'aumento della domanda di moneta si ripercuote sul mercato dei titoli in quanto, data la ricchezza finanziaria complessiva, essa implica una minore domanda di titoli. La riduzione della domanda di titoli genera, a parità di offerta, un aumento del tasso di interesse che riequilibra i due mercati.

La manovra di riduzione delle tasse, infine, influenza anche il livello di consumi ed investimenti. Per quanto riguarda i consumi si producono due diversi effetti sulle decisioni delle famiglie, che agiscono nella stessa direzione. Da un lato, la manovra viene attuata riducendo la tassazione e quindi incrementando il reddito disponibile. Tale effetto, che è anche ciò che dà l'avvio al meccanismo espansivo della manovra, causa un incremento del livello dei consumi.

Come indicato dall'analisi precedente, peraltro, uno degli effetti finali della manovra è rappresentato dall'incremento del livello del prodotto. Tale incremento costituisce un aumento del reddito aggregato e genera una nuova espansione del reddito disponibile. Si noti che questo secondo aumento avviene grazie all'incremento delle risorse percepite dalle famiglie anziché grazie ad una riduzione del prelievo fiscale, come nel caso precedente. La crescita del reddito disponibile appena descritta genera un nuovo aumento dei consumi.

Un insieme di risultati più complessi si ottiene con riferimento agli investimenti. Anche in questo caso, infatti, la manovra genera due effetti sulle decisioni delle imprese che agiscono, però, in direzioni opposte. In primo luogo, come evidenziato dall'analisi precedente, la manovra genera un incremento della produzione. Tale incremento spinge le imprese ad aumentare il loro stock di capitale, stimolando gli investimenti. La manovra di politica fiscale espansiva, d'altra parte, genera anche un aumento del livello del tasso di interesse di mercato che implica un maggior costo di investimento, nella forma di costo di finanziamento o di costo opportunità, e tende a deprimere gli investimenti. Poiché i due effetti descritti agiscono in direzioni opposte, l'effetto netto della manovra sugli investimenti è ambiguo, nel senso che non è possibile determinare a priori se gli investimenti aumenteranno o si ridurranno.

L'analisi precedente ha mostrato gli effetti di una riduzione del livello della tassazione, mantenendo inalterato quello della spesa pubblica. Appare evidente che conclusioni opposte a quelle appena proposte si ottengono nel caso in cui il livello delle tasse venga aumentato, sempre senza modificare il livello della spesa pubblica. Qualora il Governo attui una manovra di questo tipo essa agisce sulla condizione di equilibrio del mercato dei beni provocando uno spostamento della curva IS opposto rispetto a quello generato nel caso precedente. Come evidenziato nella Figura 5, la curva si sposta verso sinistra da $IS_0$ a $IS_1$.

**Figura 5.** – *Gli effetti di un aumento della tassazione*

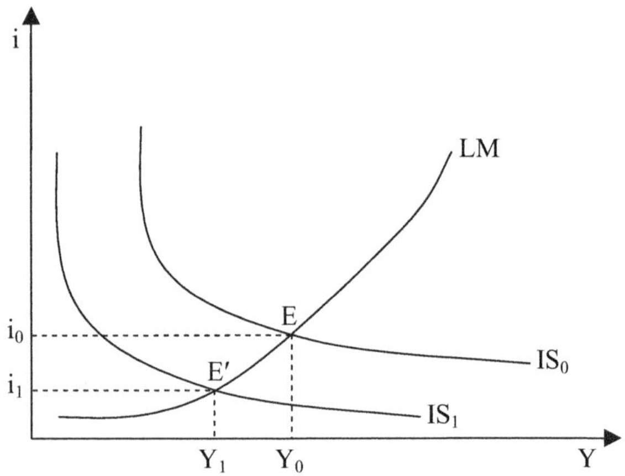


L'equilibrio del sistema si muove dal punto E al punto E′, a cui è associato un minor livello di produzione. La manovra attuata è, dunque, una manovra di politica fiscale restrittiva. La spiegazione del meccanismo che genera tale effetto è analoga a quella del caso precedente.

Allo stesso modo la manovra genera conseguenze opposte rispetto al caso precedente sul tasso di interesse di mercato e sul livello dei consumi che evidenzieranno una riduzione. Rimane ambiguo l'effetto sul livello degli investimenti. Anche la spiegazione di questi effetti è analoga a quella proposta in precedenza.

Dopo aver esaminato gli effetti di una manovra di politica attuata agendo sul livello della tassazione possiamo considerare le conseguenze di un intervento che agisca sull'altro strumento di politica fiscale, rappresentato dal livello della spesa pubblica.

La spesa pubblica è una grandezza che contribuisce a determinare l'equilibrio del mercato dei beni ed è, quindi, un parametro della curva IS. Qualora le autorità di politica economica decidano di aumentarne il livello la curva IS si sposta verso destra, in modo analogo a quanto era avvenuto nel caso di una riduzione della tassazione e, quindi, come mostrato nella Figura 4. Il primo effetto della manovra è dunque rappresentato da un incremento del livello della produzione. Un aumento della spesa pubblica rappresenta, dunque, una politica fiscale espansiva. Il meccanismo all'origine di tale risultato è il seguente. Poiché la spesa pubblica costituisce una delle componenti della domanda aggregata, un suo incremento genera un aumento della domanda che causa, in equilibrio, una espansione del livello della produzione. A tale effetto diretto, come nel caso della riduzione delle tasse, si aggiungono gli effetti indiretti descritti dal moltiplicatore. Conseguenze analoghe a quelle ottenute nel caso di una diminuzione della tassazione si hanno anche con riferimento al livello del tasso di interesse di mercato, al livello dei consumi ed al livello degli investimenti. La manovra genera, in particolare, su tali variabili rispettivamente un incremento per le prime due ed una variazione di segno ambiguo per la terza.

L'ultimo caso che deve essere esaminato è, infine, rappresentato da una politica fiscale che riduca il livello della spesa pubblica. Una politica di questo genere causa uno spostamento della curva IS verso sinistra, come mostrato nella precedente Figura 5. La manovra genera una riduzione del livello della produzione ed ha quindi effetti di tipo restrittivo. La spiegazione di tale risultato è analoga a quella del caso precedente. Effetti opposti rispetto al caso precedente si ottengono infine anche per quanto riguarda il tasso di interesse di mercato e il livello dei consumi mentre un risultato ambiguo continua a prodursi per quanto concerne gli investimenti.

## 4. *Politica fiscale e disavanzo pubblico*

Il *disavanzo pubblico* (o *deficit pubblico*) può essere definito come la differenza fra uscite e entrate dello Stato. Qualora in un sistema economico le uscite dello Stato siano maggiori delle entrate, il disavanzo pubblico è positivo ed il bilancio dello Stato si dice "*in disavanzo*" mentre qualora il livello delle entrate sia superiore a quello delle uscite il disavanzo pubblico è negativo e il bilancio dello Stato si dice "*in avanzo*".

Più in dettaglio, possiamo definire come *disavanzo primario* la differenza fra la spesa pubblica per beni e servizi G e l'introito fiscale (al netto dei trasferimenti) T. Il disavanzo primario è dunque pari a

$$D_P = G - T \qquad [16]$$

Qualora il livello della spesa pubblica ecceda quello della tassazione, le entrate dello Stato non sono sufficienti a coprire in modo completo tutte le sue uscite. Poiché, peraltro, anche la parte eccedente di spesa deve essere finanziata, lo Stato è obbligato ad indebitarsi per farlo. Lo Stato, in particolare, ottiene le risorse necessarie per finanziare il disavanzo emettendo titoli (i cosiddetti "titoli di Stato"), come ad esempio, nel caso italiano, BOT, CCT e BTP. Tali titoli vengono acquistati dai privati, ossia da famiglie e imprese (in particolare le banche) che forniscono così al settore pubblico i fondi che gli mancano. L'esistenza di un disavanzo pubblico è dunque all'origine dell'emissione di titoli di Stato e quindi della creazione del *debito pubblico* (che indicheremo da ora in avanti con una variabile B).

Se, da un lato, l'esistenza di un disavanzo pubblico genera il debito pubblico, è vero anche che l'esistenza di un debito pregresso influenza il disavanzo corrente. Per esaminare questo punto assumiamo che, in un determinato anno, il sistema economico studiato abbia presentato un livello di uscite superiore a quello delle entrate e che abbia per tale ragione generato debito pubblico. Nell'anno successivo il bilancio dello Stato prevederà una voce di spesa aggiuntiva rispetto alle precedenti poiché lo Stato dovrà pagare gli interessi sul debito acceso nell'anno precedente. Sulla base di tale considerazione possiamo definire il *disavanzo pubblico* come la differenza fra spesa pubblica e spesa per interessi e l'introito fiscale percepito. Il disavanzo sarà dunque pari a

$$D = G + iB - T \qquad [17]$$

Confrontando la [16] con la [17] si evidenzia chiaramente come il disavanzo sia pari al disavanzo primario più la spesa per interessi.

L'analisi appena proposta mostra come vi sia un legame fra il livello del debito precedentemente acceso ed il disavanzo pubblico corrente di una economia. Esiste, ovviamente, anche una relazione in direzione opposta che va dal disavanzo al debito. A tale relazione si è implicitamente accennato nella descrizione precedente quando si è spiegato che un bilancio pubblico in disavanzo genera il debito pubblico. Può, peraltro, essere utile descriverla brevemente dal punto di vista analitico. Dato il livello del debito acceso al tempo $t - 1$, il debito al tempo $t$ sarà pari al valore precedente più il nuovo disavanzo da finanziare nel periodo corrente. Avremo dunque

$$B_t = B_{t-1} + D_t \qquad [18]$$ [11]

Sostituendo la definizione di disavanzo nella [18] otteniamo

$$B_t = B_{t-1} + G_t + iB_{t-1} - T_t \qquad [19]$$

da cui

$$B_t - B_{t-1} = G_t + iB_{t-1} - T_t \qquad [20]$$

---

[11] Il pedice indica il periodo.

I risultati espressi nella [17] e nella [20] descrivono in modo analitico il circolo vizioso fra disavanzo e debito per cui un elevato disavanzo tende a far crescere il debito ma l'incremento del debito tende a sua volta ad aumentare il disavanzo dell'anno successivo.

Le conclusioni precedenti appaiono rilevanti anche per una ragione diversa. L'equazione [20], infatti, evidenzia anche come la presenza di un debito pregresso possa far sì che il debito pubblico cresca nel tempo anche in presenza di un avanzo primario corrente. Si assuma, in particolare, che l'economia considerata presenti un valore della spesa pubblica G minore rispetto alle tasse T. Anche in questo caso è possibile che il secondo membro della [20] sia negativo, qualora il valore di $iB_{t-1}$ sia particolarmente elevato. Può dunque accadere che il debito pubblico continui a crescere poiché l'avanzo primario può risultare inferiore rispetto alla spesa per interessi.

L'analisi precedente ha mostrato chiaramente come possa generarsi un circolo vizioso deficit-debito-deficit che spinga il debito pubblico ad accrescersi rapidamente. Una dinamica di questo tipo potrebbe portare a problemi di sostenibilità nel lungo periodo, evidenziando la necessità di tenere conto degli effetti sui conti pubblici nelle scelte di politica fiscale.

È d'altra parte opportuno sottolineare come la questione sia caratterizzata da una maggiore complessità in quanto più che il livello assoluto del deficit e del debito pubblico, ciò che conta per la sostenibilità nel tempo dei conti pubblici è l'entità di tale livello rispetto alla dimensione complessiva dell'economia, misurata dal livello del suo Prodotto Interno Lordo. In altre parole, ciò che rileva per la sostenibilità non è il valore di $D_t$ e di $B_t$ quanto i valori dei rapporti $D_t/Y_t$ e $B_t/Y_t$.

Tale conclusione determina peraltro alcune considerazioni aggiuntive sugli effetti della politica fiscale, che si aggiungono a quelle descritte nei paragrafi precedenti.

Nelle pagine precedenti si è sottolineato come una politica fiscale di tipo espansivo determini un incremento del livello del prodotto, a cui si affianca un incremento del disavanzo. Se si considera il rapporto fra deficit/Pil, l'effetto di tale duplice dinamica sarà rappresentata da un incremento sia del numeratore che del denominatore della frazione con un effetto *a priori* ambiguo sul livello della frazione stessa.

In particolare, una politica restrittiva attuata per ridurre il disavanzo, determina anche un calo del prodotto che, se di dimensione significativa, può, a sua volta, causare un incremento del rapporto deficit/Pil e quindi un peggioramento della situazione dell'economia in termini di garanzie di solvibilità.

Al contrario, in questa logica, politiche fiscali di tipo espansivo, se capaci di generare un incremento del Pil sufficientemente ampio, possono determinare una riduzione del rapporto deficit/Pil, pur in presenza di un aumento del deficit.

Le considerazioni appena espresse costituiscono il fondamento della critica, espressa da parte del pensiero economico, all'utilizzo di politiche restrittive come strumento di riequilibrio dei conti pubblici.

## 5. *La politica monetaria: il controllo dell'offerta di moneta*

Come è stato accennato nel paragrafo 2, la politica monetaria può essere attuata impiegando due strumenti alternativi: il livello dell'offerta di moneta ed il tasso di interesse di riferimento. Analizziamo in questo paragrafo l'impiego del primo dei due strumenti rinviando al prossimo l'utilizzo del secondo. L'offerta di moneta compare nel modello IS-LM come parametro nella curva LM, alla luce del fatto che essa influisce sull'equilibrio dei mercati finanziari. Come mostrato nella Figura 6, un aumento del livello dell'offerta di moneta genera, in particolare, uno spostamento verso destra della curva LM, da $LM_0$ a $LM_1$. Tale spostamento implica una variazione del punto di equilibrio che passa da E a E′. Al punto E′ corrisponde un livello di produzione pari a $Y_1$ maggiore del livello precedente la manovra pari a

$Y_0$. La manovra attuata si configura, quindi, come una manovra di politica monetaria espansiva.

**Figura 6.** – *Gli effetti di un aumento dell'offerta di moneta*

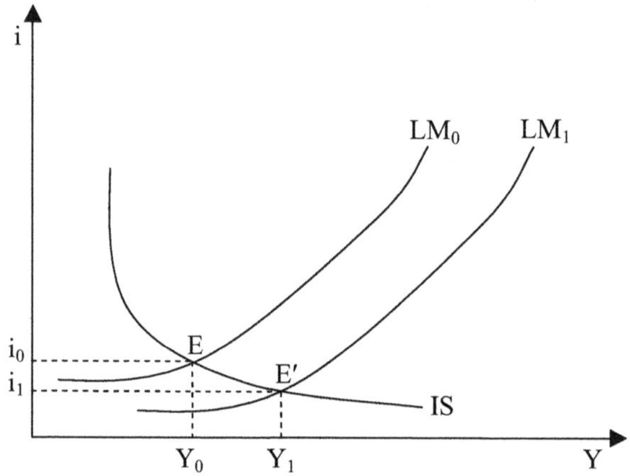


L'esame del diagramma evidenzia, inoltre, come, nel nuovo equilibrio E′, il tasso di interesse di mercato sia più basso rispetto a quello che si aveva nell'equilibrio precedente.

A differenza di quanto avveniva nel caso della politica fiscale, gli effetti appena descritti sono causati da un insieme di fenomeni che si generano inizialmente sui mercati finanziari. Nel momento in cui la Banca Centrale decide di aumentare l'offerta di moneta, infatti, essa agisce sul mercato dei titoli attuando una operazione di mercato aperto. Come ricordato nel paragrafo 1, l'acquisto dei titoli sul mercato si configura come un incremento della domanda di titoli che genera una riduzione del tasso di interesse.

L'effetto sul tasso di interesse è all'origine delle conseguenze della manovra sull'equilibrio del mercato dei beni. La riduzione di i, infatti, rende minore il costo di finanziamento dell'investimento per le imprese stimolando la crescita dell'investimento aggregato. Tale crescita genera, a sua volta, un aumento della domanda aggregata, di cui esso costituisce una componente. In equilibrio, ad un maggior livello della domanda aggregata corrisponde una maggiore produzione. Ovviamente all'incremento del prodotto così generato si affianca poi tutto l'insieme di effetti indiretti, descritti dal moltiplicatore del reddito.

Anche in questo caso, infine, è opportuno esaminare gli effetti della manovra su consumi ed investimenti. Poiché la manovra aumenta il livello della produzione essa causa anche un incremento del reddito aggregato, che coincide con questa, generando una parallela espansione del reddito disponibile. Tale effetto produce un incremento del livello dei consumi delle famiglie. Un effetto espansivo si genera anche con riferimento agli investimenti. Se, infatti, come già spiegato nelle righe precedenti, la riduzione del tasso di interesse di mercato produce uno stimolo per le imprese ad aumentare il loro acquisto di beni capitale, l'aumento del prodotto, causato dalla manovra, non fa altro che rinforzare questo fenomeno.

Un insieme di effetti opposti a quelli ottenuti in precedenza si produce ovviamente quando la Banca Centrale decide di ridurre il livello dell'offerta di moneta. Come mostrato nella Figura 7, ed all'opposto di quanto avveniva in precedenza, si ha in questo caso, uno spostamento della curva LM verso sinistra da $LM_0$ a $LM_1$. L'equilibrio del sistema passa in questo caso da E a E′, con una riduzione del livello della produzione e un aumento del tasso di interesse. La manovra attuata si configura come una manovra di politica monetaria restrittiva.

**Figura 7.** – *Gli effetti di una riduzione dell'offerta di moneta*

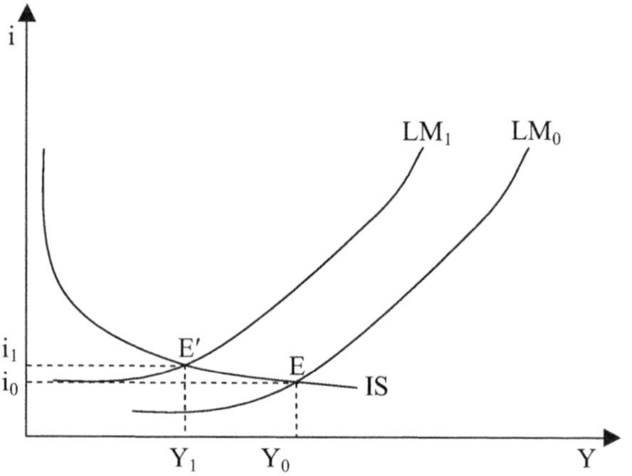


Le ragioni all'origine dei risultati ottenuti sono analoghe a quelle evidenziate nel caso precedente con un effetto che si genera prima sull'equilibrio dei mercati finanziari, grazie alle conseguenze sul mercato dei titoli della operazione di mercato aperto attuata dalla Banca Centrale, e poi sul mercato dei beni tramite l'influenza della variazione del tasso di interesse di mercato sul livello degli investimenti. All'opposto rispetto al caso precedente, infine, la manovra genera una riduzione sia nel livello dei consumi che in quello degli investimenti.

## 6. *La politica monetaria: il controllo del tasso di interesse di riferimento*

Esaminiamo in questo paragrafo gli effetti della politica monetaria attuata impiegando il controllo del tasso di interesse di riferimento. L'analisi dell'impiego di tale strumento deve essere effettuata in modo radicalmente differente da quella proposta nel paragrafo precedente.

È opportuno premettere innanzitutto che la Banca Centrale è in grado di controllare in modo del tutto autonomo un particolare tasso di interesse che è costituito dal tasso pagato dalle banche nelle operazioni ordinarie di rifinanziamento a breve termine. Tale interesse può essere chiamato *tasso di interesse di riferimento.*

Possiamo ora chiederci quale relazione esista fra il tasso di riferimento controllato dalla Banca Centrale ed il tasso di interesse sui titoli pagato sul mercato. Appare evidente che i due tassi citati sono connessi a due forme di finanziamento che sono differenti sia per il soggetto finanziato (le banche nel caso del tasso di interesse di riferimento ed i soggetti emittenti dei titoli, tipicamente imprese e Stato, nel caso del tasso di interesse di mercato) che per le loro caratteristiche contrattuali. Pur data tale diversità, esiste un rilevante legame fra i due tassi. Per comprendere questo legame è necessario esaminare in termini generali la relazione che esiste fra il rendimento di diverse attività finanziarie.

Consideriamo a tale scopo la scelta di un individuo che debba decidere se impiegare la cifra x acquistando il titolo A o il titolo B. Il confronto fra i due titoli può riguardare molti elementi che li caratterizzano. Fra essi i più rilevanti appaiono, senza dubbio, la remunerazione ottenuta (ossia il tasso di interesse annuo percepito acquistando il titolo), la durata del titolo, il suo grado di liquidità (ossia l'ampiezza e lo spessore del mercato in cui il titolo può essere rivenduto) ed il suo livello di rischio (ossia la misurazione della probabilità che l'emittente non sia in grado di rimborsare la cifra ricevuta) [12].

Assumiamo per semplicità che i due titoli abbiano la medesima durata, il medesimo grado di liquidità ed un livello di rischio uguale, ad esempio pari a 0. In questo caso, assumendo che non esistano altre caratteristiche rilevanti per la scelta di inve-

[12] Si noti che si stanno considerando solamente titoli obbligazionari con rendimento predeterminato.

stimento o che i due titoli siano del tutto identici con riferimento a tali caratteristiche, l'individuo investirà la cifra x nel titolo che offre il tasso di interesse più elevato. Poiché tale scelta verrà effettuata da tutti i soggetti che domandano titoli, la domanda del titolo A sarà la massima possibile mentre la domanda del titolo B sarà nulla.

Tale situazione evidenzia chiaramente come i due tassi di interesse pagati dai due titoli non siano al loro valore di equilibrio. L'equilibrio si avrà solo nel caso in cui entrambi i titoli verranno acquistati. Ciò accade quando i due tassi di interesse pagati dai titoli sono uguali. Due titoli con le medesime caratteristiche sono sostituti perfetti fra di loro e debbono pagare lo stesso rendimento.

Cosa accadrebbe in questa situazione se il rendimento del titolo A dovesse improvvisamente aumentare? Appare ovvio che solo un parallelo ed equivalente incremento del tasso pagato dal titolo B renderebbe possibile il suo collocamento sul mercato. Esiste, dunque, un legame fra i tassi di interesse pagati da due attività perfettamente identiche.

Conclusioni parzialmente diverse si ottengono nel caso in cui due titoli esaminati presentino caratteristiche differenti, ad esempio una durata diversa, un diverso grado di liquidità e/o un diverso grado di rischio. Se ciò accade, infatti, non sarà più vero che il rendimento pagato dalle due attività dovrà essere esattamente il medesimo poiché, ad esempio, l'attività meno rischiosa potrà pagare un interesse più basso. Peraltro, poiché i due titoli, pur non essendo più perfetti sostituti, mantengono comunque un certo grado di sostituibilità, si avrà, anche in questo caso, una relazione fra i due tassi pagati, nel senso che, se il tasso pagato dal titolo A aumenterà, la domanda del titolo B si ridurrà ed anche il tasso pagato dal titolo B dovrà crescere.

Alla luce dell'analisi precedente si può comprendere facilmente il legame che esiste fra il tasso di interesse di riferimento ed il tasso di mercato dei titoli. Il tasso di interesse di riferimento riguarda una operazione di finanziamento a brevissimo termine delle banche mentre il tasso di interesse di mercato riguarda il finanziamento delle imprese e del debito pubblico. Il tasso di interesse di riferimento riguarda operazioni prive di rischio mentre il finanziamento dello Stato e delle imprese presenta un certo grado di rischio. Pur non essendo connessi ad attività che siano fra loro perfetti sostituti, peraltro, i due tassi presentano una relazione positiva analoga a quella descritta nel ragionamento precedente. Tale relazione può essere espressa da una equazione del tipo

$$i = f(i_r) \qquad [21]$$

Se la funzione f(.) è stabile, controllando il valore di $i_r$, è possibile determinare esattamente il valore di i.

Qualora la Banca Centrale utilizzi il tasso di interesse come strumento per la politica monetaria il valore di equilibrio del reddito non è più determinato, come in precedenza, nel modello IS-LM ma è ottenuto semplicemente imponendo nella condizione di equilibrio del mercato dei beni che il tasso di interesse sia pari al livello determinato dalla Banca Centrale. Graficamente l'equilibrio è, dunque, rappresentato dall'intersezione fra la curva IS ed una retta orizzontale, che chiameremo MP, che indica il livello dei tassi scelto dalla Banca Centrale fissando $i_r$ (Figura 8) [13].

Si noti che il diagramma 8 non mostra l'equilibrio dei mercati finanziari che era, invece, considerato nel modello IS-LM. La ragione di questo risultato è dovuta al fatto che, in questo contesto, il livello della produzione non è più influenzato dalla dimensione di domanda ed offerta di moneta [14].

---

[13] La formulazione qui proposta segue in parte, ma non completamente, l'analisi di Romer (2000). L'acronimo MP (che indica le parole "monetary policy") deriva da tale analisi.

[14] Per garantire l'equilibrio dei mercati finanziari l'offerta di moneta verrà lasciata libera di cambiare in modo da garantire l'eguaglianza con la domanda dato il tasso di interesse di mercato.

**Figura 8.** – *L'equilibrio del sistema quando la Banca Centrale controlla il tasso di interesse di riferimento*

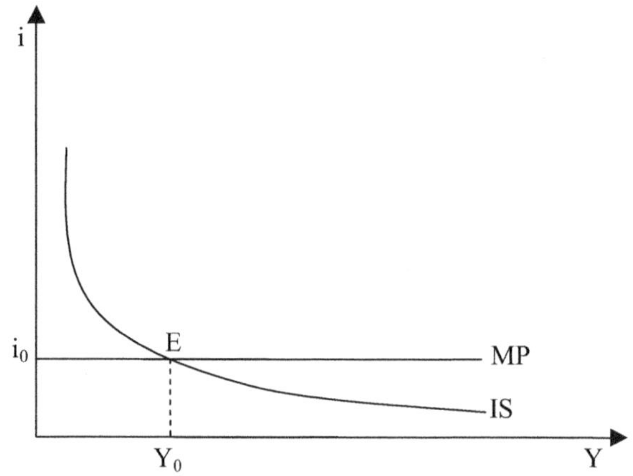


Come spiegato in precedenza, il tasso di interesse di riferimento può essere impiegato dalla Banca Centrale per influenzare il livello della produzione alternativamente al controllo dell'offerta di moneta. Supponiamo che il livello della produzione sia inferiore a quello desiderato dalle autorità di politica economica. Abbiamo visto in precedenza che la Banca Centrale può agire in questa situazione aumentando il livello dell'offerta di moneta.

Un modo alternativo di promuovere un incremento del reddito di equilibrio è costituito da una manovra che agisca sul tasso di interesse di riferimento. La Banca Centrale può, in particolare, ridurre il tasso di interesse di riferimento causando, come mostrato dalla [21], una diminuzione del tasso di mercato i. Gli effetti di tale manovra possono essere esaminati graficamente, come mostrato nella Figura 9. La riduzione del tasso di interesse di mercato, causata dal decremento del tasso di riferimento, genera uno spostamento della retta MP verso il basso. L'equilibrio del sistema passa dal punto E al punto E′, generando un incremento del livello della produzione.

**Figura 9.** – *Gli effetti di una riduzione del tasso di interesse di riferimento*

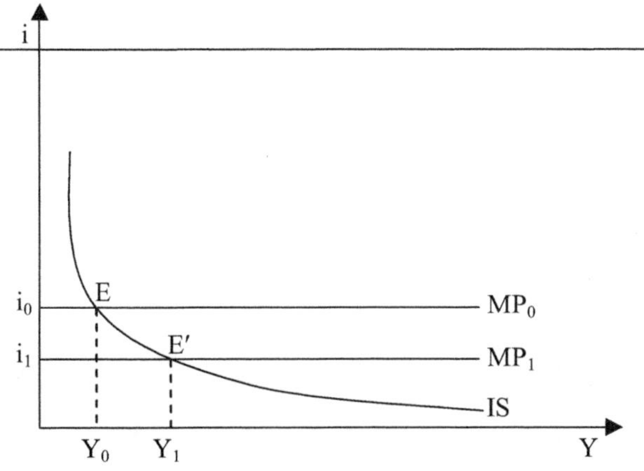


Dal punto di vista dell'analisi economica, l'effetto prodotto avviene tramite un meccanismo non molto differente da quello generato da una manovra che agisca sull'offerta di moneta. La riduzione del tasso di interesse di riferimento causa, come detto, una diminuzione del tasso di interesse di mercato che implica, a sua volta, un incremento degli investimenti stimolati dal minore costo finanziario. L'aumento degli investimenti genera una espansione della domanda aggregata che produce, in equilibrio, uno sviluppo del livello della produzione. Come nel caso di una manovra di politica monetaria espansiva attuata agendo sul livello dell'offerta di moneta, l'intervento genera anche un incremento di consumi ed investimenti. Il primo fenomeno è dovuto all'aumento del reddito generato dalla manovra mentre il secondo è spiegato sia dall'espansione del prodotto che dalla riduzione del tasso di interesse di mercato.

Il tasso di interesse di riferimento può, infine, essere impiegato anche per una manovra di politica monetaria restrittiva. La Banca Centrale agisce, in questo caso, aumentando il livello di $i_r$ e causando, di conseguenza, un incremento del tasso di interesse di mercato i. Gli effetti prodotti sono descritti nella Figura 10.

**Figura 10.** – *Gli effetti di un aumento del tasso di interesse di riferimento*

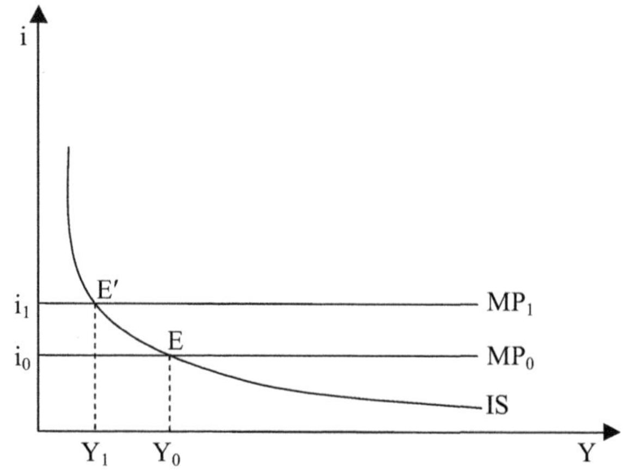


L'equilibrio passa da E a E′ ed il livello della produzione si riduce. Dal punto di vista dell'analisi economica la sequenza di effetti prodotti è simile a quella descritta in precedenza, salvo che ciascuna variazione ha un segno opposto.

È utile rilevare, in conclusione, come il confronto delle conseguenze di una manovra di politica monetaria attuata agendo sull'offerta di moneta e di una manovra attuata agendo sul tasso di interesse di riferimento evidenzi chiaramente come i due tipi di intervento possano essere impiegati alternativamente allo scopo di generare i medesimi risultati.

Infatti, se la Banca Centrale ritiene, ad esempio, necessario aumentare il livello della produzione da $Y_0$ a $Y_1$, essa può centrare tale obiettivo in entrambi i modi descritti, come mostrato nei diagrammi 6 e 10. L'analisi proposta sembra dunque suggerire che la scelta fra i diversi strumenti di politica monetaria sia del tutto discrezionale. Tale conclusione appare corretta nel contesto esaminato fino a questo momento e, in particolare, sotto l'ipotesi, finora introdotta implicitamente, che le decisioni di politica economica vengano prese in una condizione di piena certezza. Come vedremo, i risultati ottenuti cambiano radicalmente qualora si assuma che le caratteristiche del sistema economico esaminato e gli effetti delle politiche non siano conosciuti e controllati in modo certo da parte delle autorità di politica economica ma possano essere previsti solo in modo approssimato.

## 7. *La politica monetaria in presenza di incertezza*

Nell'analisi dei paragrafi precedenti abbiamo assunto che le autorità di politica economica fossero in grado, al momento di determinare le loro scelte in merito agli interventi da attuare, di conoscere perfettamente le caratteristiche dell'equilibrio del sistema economico in cui esse operano e gli effetti delle politiche effettuate. Tale assunzione implica che le autorità siano in grado di determinare in modo esatto:

- la funzione che determina i consumi, calcolando precisamente quale sia l'effetto di ogni euro di reddito disponibile sui consumi aggregati e determinando quale sia il valore dei consumi autonomi dato l'insieme di grandezze che li influenzano (ricchezza, gusti, fiducia dei consumatori, ecc.);
- la funzione che descrive le scelte di investimento delle imprese ed in particolare il modo in cui diversi livelli di reddito e diversi valori del tasso di interesse influenzano il livello di investimento aggregato e la dimensione degli investimenti autonomi;
- la funzione di domanda di moneta ed in particolare il modo in cui il livello del reddito monetario ed il livello del tasso di interesse influenzano le scelte di allocazione della ricchezza.

L'insieme di assunzioni appena descritto, pur corretto come scenario di riferimento, appare nella maggior parte dei casi almeno parzialmente irrealistico. Un approccio più plausibile prevede, invece, che i soggetti che debbono agire sull'equilibrio di un'economia possano conoscerne gli elementi solo in modo approssimato, tentando di ricostruire le funzioni citate in precedenza nel modo più vicino possibile alla realtà. Una situazione di questo genere implica che le relazioni che descrivono l'equilibrio del mercato dei beni e le relazioni che descrivono l'equilibrio dei mercati finanziari non siano calcolabili in maniera certa da parte dell'autorità di politica economica.

Con riferimento all'equilibrio del mercato dei beni, tale diversa assunzione può essere formalizzata ipotizzando che la posizione della curva IS all'interno di un diagramma cartesiano (Y, i) possa essere determinata solo in modo approssimato. L'analisi delle conseguenze di questa diversa situazione è proposta nella Figura 11.

Analogamente a quanto avveniva in condizioni di certezza, le autorità di politica economica determinano la posizione che la curva dovrebbe avere date le migliori valutazioni disponibili sul comportamento di famiglie e imprese. Tale posizione è rappresentata nel diagramma dalla linea continua. Diversamente da

**Figura 11.** – *La curva IS in presenza di incertezza sull'equilibrio del mercato dei beni*

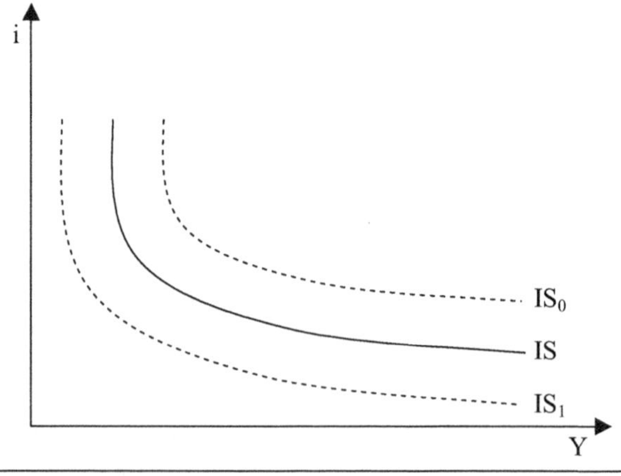

quanto avveniva nei paragrafi precedenti, però, le autorità di politica economica non possono essere certe della posizione della curva che può nella realtà essere spostata più a destra o più a sinistra. La posizione reale della curva sarà dunque compresa fra le due linee tratteggiate presenti nel grafico e sarà pari a quella indicata dalla linea continua solo nel caso in cui le stime delle autorità di politica economica dovessero rivelarsi del tutto esatte.

Considerazioni analoghe alle precedenti possono essere effettuate anche con riferimento all'equilibrio dei mercati finanziari, a causa del fatto che la funzione di domanda di moneta può non essere prevedibile in modo del tutto esatto da parte dell'autorità di politica economica. Qualora vi sia incertezza sulle caratteristiche della funzione di domanda di moneta, la posizione della curva LM non può essere determinata in modo esatto. Analogamente a quanto ottenuto per la curva IS, e come mostrato nella Figura 12, le autorità di politica economica determinano una stima della posizione della curva (rappresentata dalla linea continua) mentre la posizione reale di questa si situa all'interno dell'area delimitata dalle due linee tratteggiate.

**Figura 12.** – *La curva LM in presenza di incertezza sull'equilibrio dei mercati finanziari*

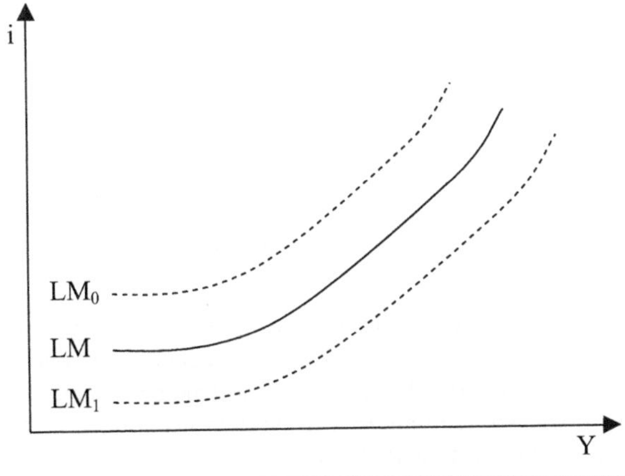

La presenza di incertezza nella forma appena descritta ha due implicazioni per le autorità di politica economica. In primo luogo le autorità di politica economica non sono in grado di determinare in modo esatto quale sia il punto di equilibrio in cui il sistema economico si trova prima che esse effettuino una manovra. Secondariamente le autorità di politica economica non possono calcolare in modo esatto quali saranno le conseguenze della manovra attuata.

Date queste premesse, possiamo ora esaminare gli effetti della politica monetaria in condizioni di incertezza. Come nel caso di piena certezza, esaminato in precedenza, la politica monetaria può essere attuata impiegando due strumenti diversi: l'offerta di moneta e il tasso di interesse di riferimento. Nella parte seguente del paragrafo esamineremo gli effetti della medesima politica effettuata impiegando alternativamente i due strumenti disponibili, distinguendo i casi in cui c'è incertezza relativamente all'equilibrio del mercato dei beni e relativamente all'equilibrio dei mercati finanziari [15].

Iniziamo l'analisi considerando il caso in cui vi è incertezza sull'equilibrio del mercato dei beni. Assumiamo inizialmente che le autorità di politica economica desiderino portare il livello della produzione e del sistema economico su cui esse intervengono ad un valore pari a Y* [16]. La linea continua IS nella figura indica la stima delle autorità di politica economica in merito alla posizione della curva che rappresenta l'equilibrio del mercato dei beni. Poiché la nostra analisi è effettuata in condizioni di incer-

---

[15] L'analisi segue in buona parte le linee del celebre lavoro di Poole (1970).

[16] Non consideriamo in questo caso se la manovra esaminata è una manovra di tipo espansivo oppure di tipo restrittivo. Le conclusioni ottenute sono valide per entrambi i casi. Ci limitiamo ad assumere che il valore Y* sia l'obiettivo delle autorità di politica economica e che il livello attuale del prodotto sia diverso da esso.

tezza la posizione reale della curva è compresa fra le due linee tratteggiate visibili nella Figura 13.

Qualora la Banca Centrale decida di portare il livello della produzione al valore desiderato impiegando come strumento l'offerta di moneta, essa dovrà fissare $M^s$ in modo da far sì che la curva LM intersechi la curva IS ad un valore della produzione pari a Y*. Ovviamente, e diversamente da quanto avveniva in condizioni di certezza, il risultato ottenuto non sarà necessariamente tale da far sì che il livello della produzione si porti esattamente al valore desiderato. Il valore che la produzione andrà a raggiungere sarà determinato dalla reale posizione della curva IS. Poiché, come è stato spiegato, tale posizione è compresa fra le due linee tratteggiate, il valore della produzione, che la Banca Centrale desidererebbe portare a Y*, si porrà quindi nell'intervallo compreso fra $Y_0$ e $Y_1$.

**Figura 13.** – *L'impiego dell'offerta di moneta in presenza di incertezza sull'equilibrio del mercato dei beni*

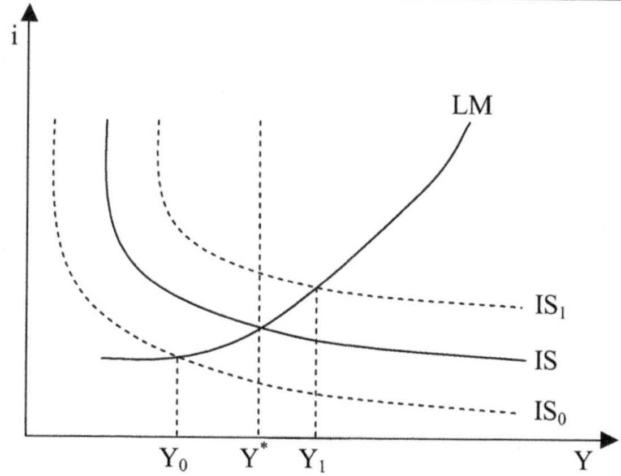

Un modo alternativo di attuare la medesima manovra di politica economica da parte della Banca Centrale è rappresentato dall'impiego come strumento del livello del tasso di interesse di riferimento. Data la previsione sulla condizione di equilibrio del mercato dei beni, la scelta ottimale del tasso di interesse di riferimento $i_r$ sarà quella che garantirà che la retta MP intersechi la linea continua IS nel punto associato ad un valore della produzione pari a Y* (Figura 14). Anche in questo caso, ovviamente, gli effetti prodotti dalla manovra non possono essere conosciuti anticipatamente con piena certezza.

Nuovamente il livello della produzione dopo l'intervento non si fisserà nella realtà al valore desiderato Y* ma si porterà ad un livello che dipende dalla reale posizione della curva IS. Poiché tale posizione è compresa fra le due linee tratteggiate, il livello della produzione si porterà nella realtà ad un valore compreso fra $Y_2$ e $Y_3$.

L'analisi della politica monetaria attuata in condizioni di incertezza sull'equilibrio del mercato dei beni ci permette di trarre alcune conclusioni particolarmente significative. In primo luogo è importante sottolineare come, in condizioni di incertezza, gli effetti di una politica attuata non possano essere previsti in modo esatto. In entrambi i casi esaminati, infatti, le autorità di politica economica non possono essere certe di raggiungere il livello desiderato di produzione, ma possono solamente garantire che, dopo la manovra, la produzione si situi all'interno di un intervallo predeterminato.

**Figura 14.** – *L'impiego del tasso di interesse di riferimento in presenza di incertezza sull'equilibrio del mercato dei beni*

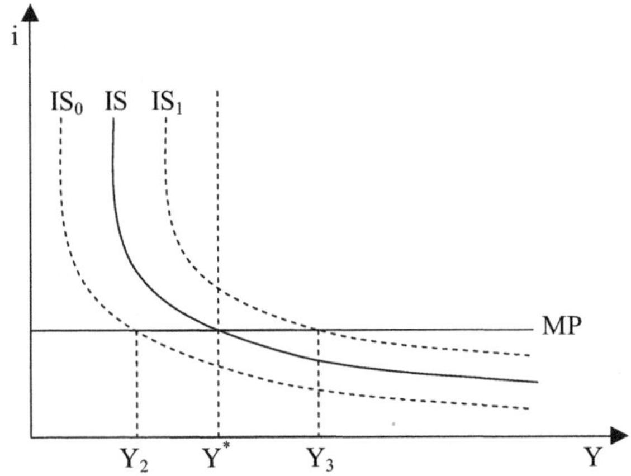


La dimensione di tale intervallo dipenderà, ovviamente, dalla dimensione dell'incertezza. Quanto maggiore è la variabilità della posizione della curva IS, ossia quanto meno è facile prevedere quali siano le caratteristiche dell'equilibrio del mercato dei beni (e quindi le caratteristiche della funzione che esprime le scelte di consumo delle famiglie e della funzione che esprime le scelte di investimento delle imprese), tanto più saranno incerti gli effetti della politica attuata.

Il confronto dei risultati ottenuti impiegando i due strumenti di politica monetaria disponibili evidenzia, inoltre, un secondo importante risultato. Mentre in condizioni di certezza l'impiego dei due strumenti di politica monetaria disponibili produceva, come mostrato nei paragrafi 5 e 6, il medesimo risultato, rappresentato dal pieno raggiungimento dell'obiettivo prefissato, l'attuazione in condizioni di incertezza di politiche attuate impiegando strumenti diversi genera risultati differenti. Pur essendo vero, infatti, che per entrambi i due strumenti impiegabili si ottiene in media un valore della produzione uguale (pari a Y*), la variabilità del livello che effettivamente la produzione andrà a raggiungere è diversa nei due casi, con un valore che si pone fra $Y_0$ e $Y_1$ nel caso di una manovra attuata impiegando l'offerta di moneta e fra e $Y_2$ e $Y_3$ nel caso di una manovra attuata impiegando il tasso di interesse di riferimento. Confrontando i due intervalli (come proposto nella Figura 15) si evidenzia chiaramente come il secondo sia maggiore del primo.

**Figura 15.** – *Incertezza sull'equilibrio del mercato dei beni ed impiego di diversi strumenti di politica monetaria*

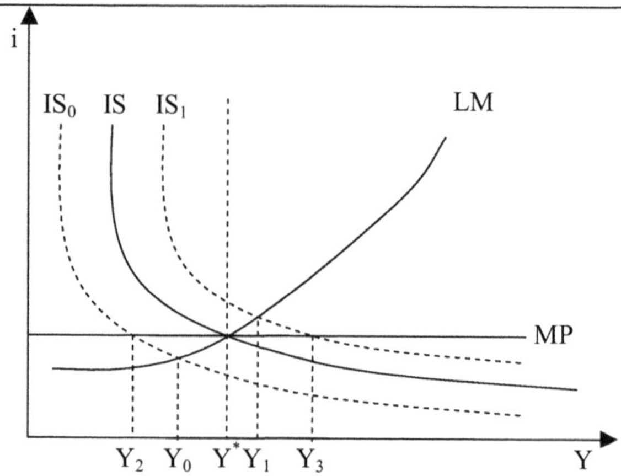


Ciò significa che l'impiego dell'offerta di moneta garantisce risultati meno variabili intorno al livello desiderato. In un contesto in cui la condizione di equilibrio del mercato dei beni è incerta e difficilmente prevedibile, la politica monetaria è più efficace qualora sia attuata impiegando come strumento l'offerta di moneta.

Un risultato differente si ottiene nel caso in cui anziché esaminare una situazione in cui vi è incertezza in merito all'equilibrio del mercato dei beni si considera una situazione in cui l'incertezza riguarda l'equilibrio dei mercati finanziari. Si assuma, in particolare, che per le autorità di politica economica sia difficile stimare in modo corretto la domanda di moneta degli individui. In una situazione di questo tipo, come mostrato nella precedente Figura 14, la curva LM si situa in una posizione rappresentata dalla linea continua, secondo le previsioni della Banca Centrale, ma si trova, nella realtà, in una posizione compresa fra le due linee tratteggiate mostrate nel diagramma. Assumendo assenza di incertezza in merito all'equilibrio del mercato dei beni, la curva IS si pone, invece, in una posizione determinata in modo esatto espressa dalla linea continua IS. Vediamo cosa accade in questo caso quando la Banca Centrale vuole fissare il livello della produzione ad un valore desiderato Y* ed agisce, per farlo, impiegando alternativamente i due strumenti di politica monetaria a sua disposizione.

Un primo tipo di manovra attuabile è rappresentato, come nel caso precedente, da un intervento che fissi al livello ottimale l'offerta di moneta. Qualora la Banca Centrale decida di agire impiegando tale strumento, essa dovrà portare il livello dell'offerta di moneta ad un valore tale per cui la posizione stimata della curva LM intersechi la curva IS ad un valore del reddito pari a Y*. Tale scelta è rappresentata nella Figura 16.

Ovviamente, il livello dell'offerta di moneta potrà essere determinato solo sulla base della stima della domanda di moneta che, come è noto, si è assunto non essere conosciuta con certezza. Ciò significa che, pur essendo la scelta del livello dell'offerta di moneta quella corretta date le informazioni disponibili, l'effetto complessivo della manovra non sarà prevedibile in modo esatto da parte della Banca Centrale e si concretizzerà nello spingere il livello del reddito non necessariamente al valore desiderato Y* ma più genericamente all'interno dell'intervallo fra $Y_0$ e $Y_1$, determinato dalle possibili diverse posizioni della curva LM nella realtà.

**Figura 16.** – *L'impiego dell'offerta di moneta in presenza di incertezza sull'equilibrio dei mercati finanziari*

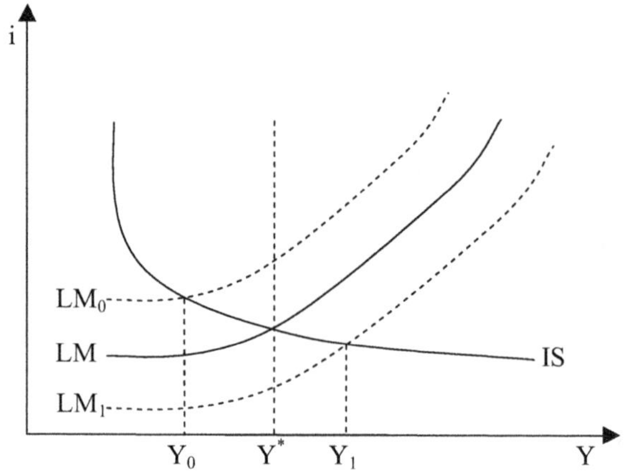


L'alternativa all'impiego dell'offerta di moneta come strumento di politica monetaria è rappresentata, anche in questo caso, dall'utilizzo del tasso di interesse di riferimento. Qualora la Banca Centrale decida di impiegare questo strumento, essa deve fissare il valore di i in modo tale che la retta MP intersechi la curva IS ad un valore del reddito pari a Y*. L'esame della Figura 17 evidenzia chiaramente come, in questo caso, le autorità di politica economica siano in grado di centrare pienamente il risultato desiderato, perché il livello della produzione si porta effettivamente a Y*. Tale risultato dipende dal fatto che l'incertezza in merito alla funzione di domanda di moneta non influenza i risultati della politica economica attuata, in quanto lo strumento impiegato non agisce tramite le scelte di allocazione della ricchezza fra moneta e titoli degli individui ma influenza il livello del tasso di interesse di mercato tramite il diverso canale descritto nel paragrafo 6.

**Figura 17.** – *L'impiego del tasso di interesse di riferimento in presenza di incertezza sull'equilibrio dei mercati finanziari*

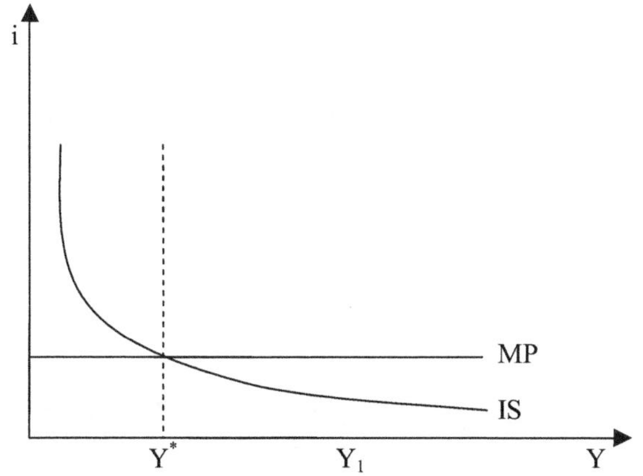


L'esame dei risultati appena descritti suggerisce alcune conclusioni che in parte confermano ed in parte si differenziano rispetto a quelle ottenute nel caso di incertezza sull'equilibrio del mercato dei beni. In primo luogo, la politica economica attuata allo scopo di portare il livello della produzione ad un valore desiderato, appare solo in un caso in grado di poter garantire il pieno raggiungimento del risultato perseguito. Nel caso in cui lo strumento impiegato dalla Banca Centrale sia costituito dall'offerta di moneta, infatti, il livello della produzione non può essere determinato in modo esatto ma solo con un certo grado di approssimazione.

Diversamente dal caso di incertezza sull'equilibrio del mercato dei beni, inoltre, l'impiego del tasso di interesse come strumento di politica monetaria si configura, in presenza di incertezza sulla funzione di domanda di moneta, come uno strumento più efficiente rispetto al controllo dell'offerta di moneta. Mentre, infatti, questo secondo strumento genera un risultato non pienamente prevedibile (ed in particolare compreso fra il valore $Y_0$ e $Y_1$), l'impiego del primo strumento permette di portare il livello della produzione esattamente al valore desiderato. Il confronto fra i risultati ottenuti impiegando i due strumenti è visibile nella Figura 18.

**Figura 18.** – *Incertezza sull'equilibrio dei mercati finanziari ed impiego di diversi strumenti di politica monetaria*

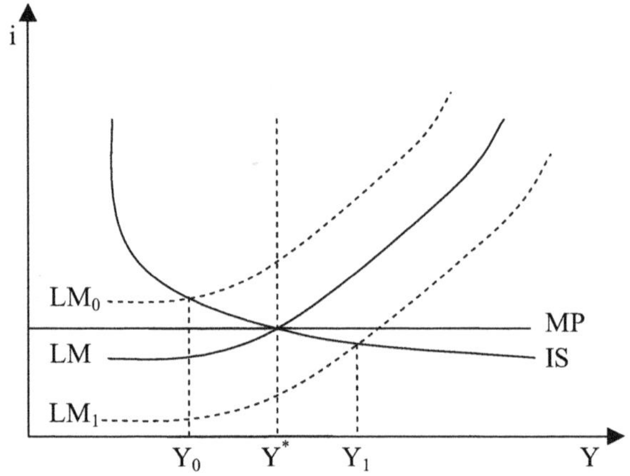


L'analisi precedente ha esaminato separatamente le conseguenze sugli effetti della politica monetaria della presenza di incertezza sull'equilibrio del mercato dei beni e di incertezza sull'equilibrio dei mercati finanziari. Appare evidente come, nella realtà, le due forme di incertezza descritta non si verifichino separatamente ma coesistano nei sistemi economici. L'esame di una situazione di questo tipo ricongiunge nella sostanza l'insieme dei risultati ottenuti nei due casi precedenti. Poiché lo studio di questo caso non può essere effettuato impiegando strumenti grafici simili a quelli proposti in precedenza ma può essere attuato solamente in modo analitico, ci limitiamo a riportare le principali conclusioni in merito ad esso. Tali conclusioni sono le seguenti:

- in presenza di incertezza relativa sia all'equilibrio del mercato dei beni che all'equilibrio dei mercati finanziari, nessuna politica monetaria è in grado di centrare sicuramente l'obiettivo prefissato sul livello della produzione;
- la scelta dello strumento da utilizzare dipende dalla forza relativa della variabilità della posizione della curva IS e della curva LM. Una maggiore incertezza in merito alla condizione di equilibrio del mercato dei beni spinge verso l'impiego dell'offerta di moneta mentre una maggiore incertezza in merito alla condizione di equilibrio dei mercati finanziari spinge verso l'impiego del tasso di interesse di riferimento;
- la scelta dello strumento da utilizzare dipende non solo dalla posizione della curva IS e della curva LM ma anche dalla loro forma.

Per concludere l'esame degli effetti della politica monetaria in condizione di incertezza è interessante rilevare come la rimozione dell'assunzione che la condizione di equilibrio del mercato dei beni e la condizione di equilibrio dei mercati finanziari possano essere conosciute in modo certo da parte dell'autorità di politica economica abbia prodotto la perdita di validità della conclusione ottenuta in condizioni di piena certezza per cui i risultati prodotti impiegando diversi strumenti di politica monetaria siano del tutto analoghi. In condizioni di incertezza, i diversi strumenti controllati dalla Banca Centrale (l'offerta di moneta ed il tasso di interesse di riferimento) debbono essere impiegati alternativamente a seconda di quale dei due mercati che caratterizzano l'equilibrio di breve periodo presenti una maggiore instabilità ed abbia, quindi, caratteristiche più difficili da stimare. Nel caso in cui le componenti la domanda aggregata, ed in particolare i consumi e gli investimenti, risultino più instabili è opportuno impiegare il controllo dell'offerta di moneta. Nel caso in cui sia la domanda di moneta a risultare più instabile è consigliabile impiegare il tasso di interesse di riferimento.

Le conclusioni appena descritte sono di particolare rilevanza in quanto spiegano il comportamento adottato dalle principali Banche Centrali nella loro esperienza storica recente. A partire dagli anni '70 e fino alla metà degli anni '90, in particolare, i sistemi economici erano caratterizzati da una forte instabilità nel mercato dei beni, connessa a shock di natura differente, fra cui di notevole importanza furono gli shock petroliferi. In tale periodo l'incertezza relativa ai mercati reali era più forte di quella relativa ai mercati finanziari e le Banche Centrali impiegavano l'offerta di moneta come strumento di politica monetaria. Dalla seconda metà degli anni '90 fino ad oggi i sistemi economici sono stati caratterizzati da una forte instabilità della domanda di moneta, dovuta principalmente al rapido sviluppo ed alla internazionalizzazione dei mercati azionari ed obbligazionari ed al conseguente incremento della loro volatilità, che ha implicato che l'incertezza sull'equilibrio dei mercati finanziari diventasse più forte di quella relativa all'equilibrio dei mercati reali. Lo strumento impiegato dalle Banche Centrali per l'attuazione della politica monetaria è, dunque, diventato il tasso di interesse di riferimento.

## 8. *La regola di Taylor*

L'analisi del paragrafo precedente ha evidenziato come l'aumento del grado di incertezza relativo all'equilibrio dei mercati finanziari abbia spinto negli ultimi anni le banche centrali ad abbandonare il controllo dell'offerta di moneta, impiegato negli anni '70 e '80, per passare al controllo del tasso di interesse di riferimento. Alla luce di tale nuovo contesto, gli economisti hanno cercato di determinare in quale modo fosse possibile descrivere il comportamento delle autorità di politica monetaria tramite regole decisionali che fossero contemporaneamente sufficientemente semplici e capaci di spiegare in modo esauriente le decisioni osservate empiricamente.

Fra i tentativi di centrare questo obiettivo, una equazione che ha mostrato risultati particolarmente soddisfacenti è quella che è stata proposta da Taylor (1993). Definendo $\hat{y}$ come il livello di prodotto che garantisce la piena occupazione [17] e $\hat{\pi}$ il livello di inflazione desiderato dalla banca centrale, la cosiddetta regola di Taylor afferma, in particolare, che

$$i_r = \alpha + \pi + \beta(\pi - \hat{\pi}) + \gamma(y - \hat{y}) \qquad [22]$$

dove $\alpha$, $\beta$ e $\gamma$ sono positivi e, di norma, posti pari rispettivamente a 2, 0,5 e 0,5.

Esaminando l'equazione [22] possiamo facilmente comprendere il significato della regola di comportamento proposta. Secondo Taylor il tasso di interesse di mercato che la banca centrale vuole determinare, controllando il tasso di interesse di riferimento, può essere espresso come una funzione del livello del prodotto e del tasso di inflazione. In particolare, il tasso di interesse di mercato scelto sarà tanto più basso quanto più il prodotto è al di sotto del livello che garantisce il pieno impiego e tanto più elevato quanto più l'inflazione eccede il suo livello desiderato.

La spiegazione di tale regola appare molto semplice ed è pienamente coerente con la descrizione degli obiettivi della politica economica, proposta nel paragrafo 2. Se il livello del prodotto è basso, la banca centrale vorrà impiegare la politica monetaria per aumentarlo e, per farlo, dovrà abbassare il tasso di interesse di mercato per stimolare gli investimenti. Se, al contrario, l'inflazione è elevata la banca centrale agirà allo scopo di frenare la dinamica dei prezzi e dovrà, quindi, aumentare il tasso di interesse allo scopo di rallentare la crescita della domanda.

Come accennato in precedenza, la regola di Taylor appare particolarmente utile perché, pur essendo molto semplice dal punto di vista analitico, descrive in modo soddisfacente il comportamento delle principali Banche Centrali. Analisi economiche

[17] Tale livello di prodotto è quello che garantisce che tutti i lavoratori abbiano un impiego, salvo gli effetti delle "frizioni" fra domanda ed offerta di lavoro.

diverse confermano questo risultato. La Figura 19, ad esempio, tratta da un lavoro di Judd e Rudebush (1998), riporta la dinamica dei tassi di interesse negli Stati Uniti nel periodo 1970-1998, confrontandola con l'andamento che, dati i valori di $\pi$, $\hat{\pi}$, y e $\hat{y}$

**Figura 19.** – *La regola di Taylor e la dinamica dei tassi negli Stati Uniti [fonte: Judd e Rudebush (1998)]*

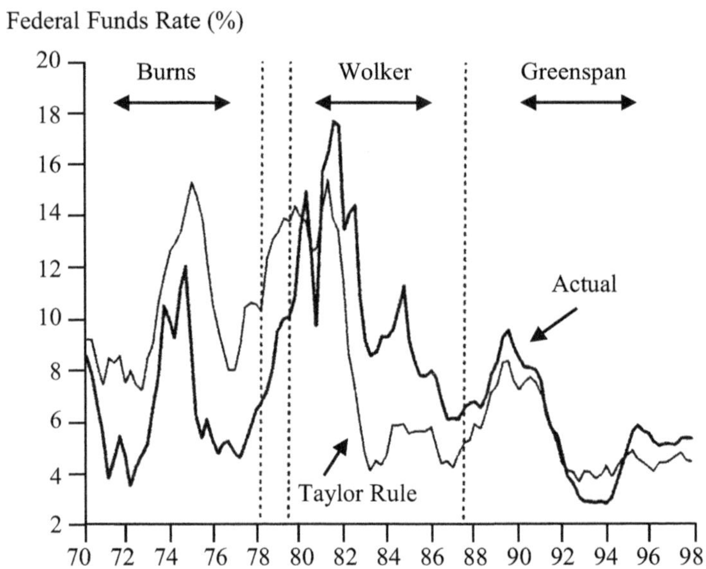


nell'economia americana negli anni considerati, si ottiene impiegando la [22].

Come evidenziato chiaramente dal diagramma la regola di Taylor appare in grado di descrivere con una buona approssimazione le scelte della Federal Reserve.

Un esercizio analogo è stato effettuato da Gerlach e Schnabel (2000) con riferimento ai paesi dell'area dell'Euro nel periodo 1990-1998 (Figura 20)[18]. Anche in questo caso i risultati confermano l'attendibilità della regola di Taylor per la quasi totalità del periodo considerato[19].

**Figura 20.** – *La regola di Taylor e la dinamica dei tassi nell'area dell'Euro [fonte: Gerlach e Schnabel (2000)]*

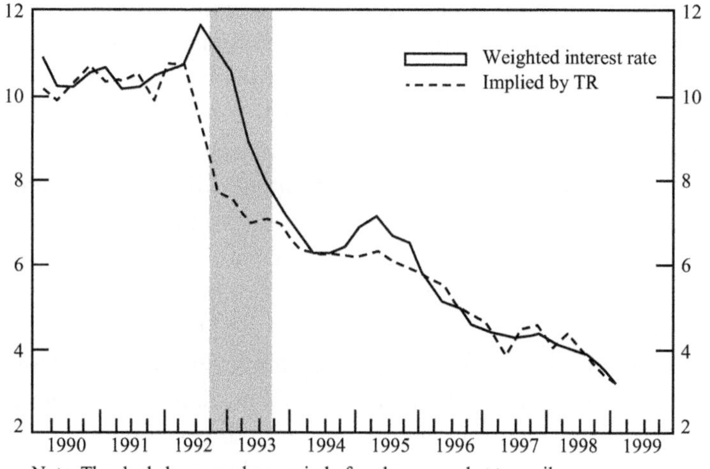


Note: The shaded area marks a period of exchange market turmoil.

## 9. *Il mix di politica economica*

L'analisi proposta nei paragrafi precedenti si è concentrata sull'esame degli effetti di politica fiscale e politica monetaria attuate separatamente. È peraltro possibile che le due politiche ci-

---

[18] Una analisi completa del comportamento della Banca Centrale europea è ancora prematura alla luce della modesta disponibilità di dati.

[19] Solo nel corso del 1993 (nel periodo evidenziato in grigio nella figura) si registra un parziale allontanamento del tasso medio dell'area dell'Euro dal valore determinato impiegando la regola di Taylor.

tate vengano impiegate dalle autorità di politica economica in modo congiunto. Si parla in questo caso di attuazione di un *mix di politica economica* (*policy mix*).

Si definisce mix di politica economica una combinazione di politiche (nel nostro caso fiscale e monetaria) adottate congiuntamente allo scopo di perseguire in modo più efficace un unico obiettivo o di perseguire più obiettivi contemporaneamente.

La definizione precedente suggerisce alcune osservazioni. In primo luogo si ha un mix di politica economica quando le autorità di politica economica impiegano contemporaneamente uno strumento di politica fiscale (come il livello della tassazione o quello della spesa pubblica) e uno strumento di politica monetaria (come il livello dell'offerta di moneta o il tasso di interesse di riferimento). Si noti che l'autorità di politica fiscale (il Governo) e l'autorità di politica monetaria (la Banca Centrale) possono agire in accordo oppure decidere autonomamente come intervenire.

Dal punto di vista dell'impiego, un mix di politica economica può essere attuato allo scopo di perseguire un unico obiettivo utilizzando strumenti diversi o allo scopo di perseguire più obiettivi contemporaneamente. Nel primo dei due casi ci troviamo nella situazione in cui le autorità di politica economica ritengono che l'impiego di una sola politica non sia in grado di produrre risultati soddisfacenti nel perseguimento dell'obiettivo desiderato. Una situazione di questo tipo può verificarsi quando si ritiene che ciascuna delle due politiche abbia effetti modesti sulla variabile che si cerca di influenzare. Un esempio, a tale proposito, sarà fornito nel primo dei mix esaminati nelle pagine seguenti.

Con riferimento al caso in cui il mix di politica economica sia attuato allo scopo di perseguire più obiettivi contemporaneamente, vale la regola individuata da Tinbergen (1952) per cui

$$\text{n. obiettivi perseguibili} \leq \text{n. politiche utilizzate} \quad [23]$$

Tale conclusione implica che, nel caso dell'impiego di un mix di politiche congiunturali del tipo esaminato dalla nostra analisi (politica fiscale e politica monetaria), il numero massimo di obiettivi perseguibili sia due.

Esaminiamo ora tre diversi possibili casi di mix di politica economica: un mix di politiche espansive, un mix attuato allo scopo di aumentare la spesa pubblica senza causare inflazione e un mix impiegato per ridurre il disavanzo pubblico senza generare una recessione nel sistema economico. Per tutti i tre mix esaminati proporremo sia la trattazione teorica generale che esempi tratti dall'esperienza storica di un sistema economico.

Il primo caso esaminato è rappresentato da un insieme di politiche espansive. Uno degli obiettivi principali della politica economica è costituito dall'incremento del livello della produzione nel caso in cui il sistema economico sia stato colpito da una recessione. L'analisi dei paragrafi precedenti ha evidenziato come le autorità di politica economica agiscano in questo caso attuando una politica di tipo espansivo. Si è mostrato, a tale proposito, come il livello della produzione possa essere aumentato dal Governo diminuendo la tassazione o espandendo la spesa pubblica e come la crescita possa essere stimolata dalla Banca Centrale incrementando l'offerta di moneta o riducendo il tasso di interesse di riferimento. Qualora la recessione verificatasi sia particolarmente forte e nel caso in cui le autorità di politica economica ritengano che una sola delle due politiche citate non sia in grado di stimolare in modo sufficiente il sistema, una politica fiscale espansiva può essere affiancata da una politica monetaria espansiva [20].

Le Figure 21 e 22 esaminano questa possibilità. Nella Figu-

---

[20] È, in particolare, diffusa fra gli economisti l'opinione per cui la politica monetaria sia, di norma, asimmetrica, risultando più efficace nel caso di un suo impiego di tipo espansivo che in quello di un impiego di tipo restrittivo. Tale asimmetria è stata ben rappresentata dall'immagine per cui è utile tirare le stringhe delle scarpe (politica monetaria espansiva) mentre spingerle (politica monetaria restrittiva) non serve a nulla.

ra 21, in particolare, si considera il caso di una politica fiscale espansiva, attuata agendo su T o su G, affiancata ad una politica monetaria espansiva, attuata agendo sull'offerta di moneta. La politica fiscale genera, come è noto, uno spostamento della curva IS verso destra, portando la linea che rappresenta l'equilibrio del mercato dei beni dalla posizione $IS_0$ alla posizione $IS_1$.

**Figura 21.** – *Gli effetti di un mix di politiche espansive (I)*

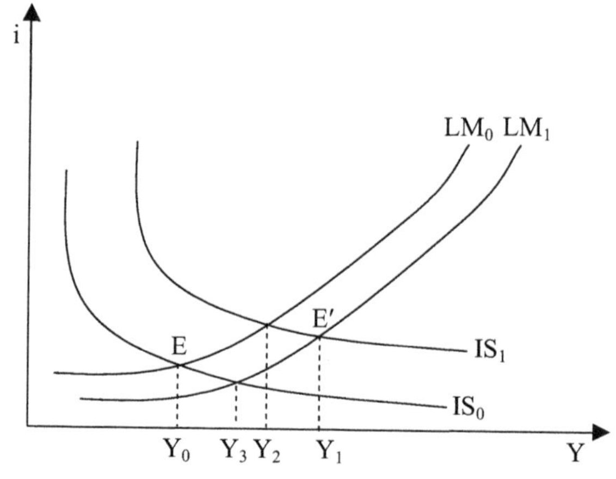


L'incremento dell'offerta di moneta attuato dalla Banca Centrale causa, invece, uno spostamento della curva LM, portando la linea che rappresenta l'equilibrio dei mercati finanziari da $LM_0$ a $LM_1$. L'equilibrio del sistema passa dal punto E al punto E′ ed il livello della produzione cresce passando da $Y_0$ a $Y_1$. L'attuazione congiunta delle due politiche genera una espansione della produzione che appare maggiore di quello ottenibile impiegando ciascuna delle due politiche separatamente. L'effetto generato nei due casi si limita, infatti, a garantire un incremento della produzione fino al livello $Y_2$ (nel caso in cui si impieghi la sola politica fiscale) o $Y_3$ (nel caso in cui si impieghi la politica monetaria).

La Figura 22 esamina, invece, il caso in cui la politica fiscale espansiva sia affiancata ad una politica monetaria attuata riducendo il livello del tasso di interesse di riferimento. Allo spostamento della curva IS verso destra si affianca, in questo caso, uno spostamento verso il basso della retta MP. Il livello della produzione cresce da $Y_0$ a $Y_1$, in misura maggiore da quanto si otterrebbe impiegando la sola politica fiscale ($Y_2$) o limitandosi a ridurre il tasso $i_r$ ($Y_3$).

**Figura 22.** – *Gli effetti di un mix di politiche espansive (II)*

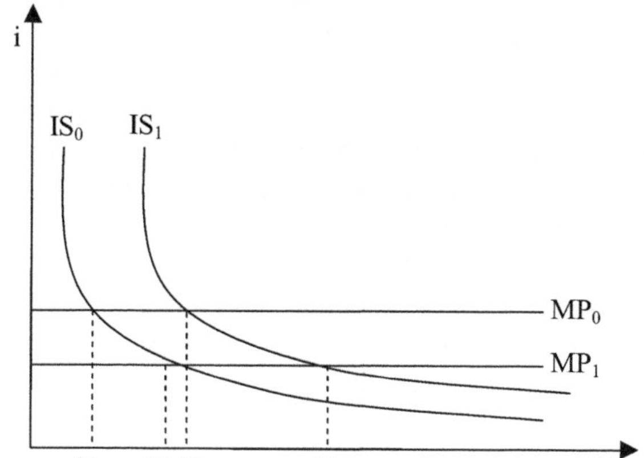


Un esempio storico relativo al mix di politica economica appena descritto può essere rappresentato dalle politiche attuate dopo il 2001 negli Stati Uniti. Nel corso del 2001 l'economia americana ha attraversato una fase di recessione, caratterizzata da una caduta del livello del prodotto nel secondo e nel terzo trimestre dell'anno, seguita da un incremento pressoché nullo nel quarto trimestre. Per uscire dalla crisi descritta il Governo statunitense decise di attuare una rilevante manovra di politica fiscale espansiva sia riducendo la tassazione che incrementando la spesa pubblica[21]. Benché la manovra attuata dal presidente George Bush fosse di dimensioni rilevanti, era diffusa fra gli analisti economici la convinzione che l'intervento sarebbe stato insufficiente per far uscire l'economia americana dalla recessione. Sulla base di tale conclusione il governatore della Federal Reserve, Alan Greenspan, decise di affiancare la politica espansiva attuata da Bush con una politica monetaria che agisse nella medesima direzione. Per tale ragione il tasso sui Federal Funds (che rappresenta il tasso di riferimento dell'economia americana) fu ridotto più di dieci volte nel corso del 2001 ed il suo livello, pari al 6% all'inizio dell'anno, raggiunse nel gennaio 2002 l'1,7%. L'esame dell'andamento dell'economia americana negli anni seguenti sembra suggerire che il mix di politica economica attuato abbia ottenuto i risultati sperati. Seppure favorito anche da altri fattori, come la ripresa in forte crescita degli investimenti privati, l'economia americana ha infatti evidenziato nel periodo successivo una crescita molto sostenuta, che ha raggiunto il 2,5% nel 2002 e superato il 3% nell'anno successivo.

Un secondo esempio di mix di politica economica che è interessante esaminare è rappresentato dal caso in cui le autorità di politica economica vogliano attuare un tipo di intervento che espande il livello della spesa pubblica senza produrre un'eccessiva accelerazione della crescita del sistema economico che potrebbe generare un aumento dell'inflazione. Una situazione di questo tipo si verifica, ad esempio, nel caso in cui il perseguimento di uno specifico obiettivo di politica economica richieda uno stanziamento di fondi pubblici che genera un aumento della spesa. Si pensi per esempio al caso in cui ci sia la necessità di ammodernare una parte del suo sistema di infrastrutture. La costruzione delle nuove infrastrutture da parte dello Stato implica un

---

[21] Il bilancio pubblico degli Stati Uniti passò da un avanzo dell'1,4% del Pil registrato nel 2001 ad un disavanzo dello 0,5%.

incremento della spesa che genera un aumento della domanda aggregata, spostando la curva IS verso destra, come evidenziato dal movimento da $IS_0$ a $IS_1$ nelle Figure 23 e 24.

Un effetto secondario della manovra è rappresentato dal fatto che, come mostrato nei diagrammi, l'incremento della spesa genera un aumento del livello della produzione che passa da $Y_0$ a $Y_1$. L'accelerazione della crescita del prodotto può causare, come evidenziato chiaramente dalla relazione [11], un incremento dell'inflazione.

**Figura 23.** – *Gli effetti di un mix attuato per aumentare la spesa senza causare inflazione (I)*

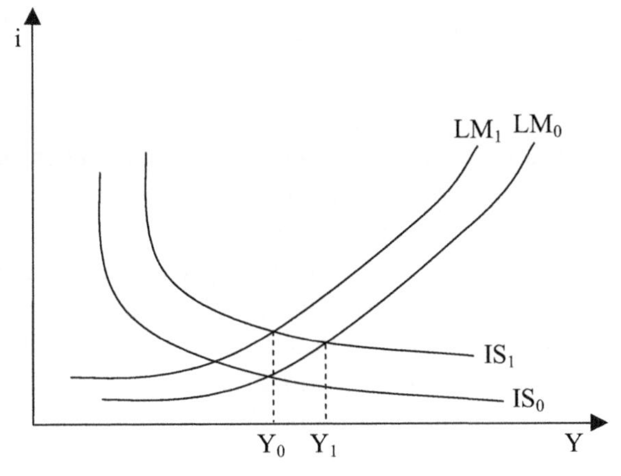

**Figura 24.** – *Gli effetti di un mix attuato per aumentare la spesa senza causare inflazione (II)*

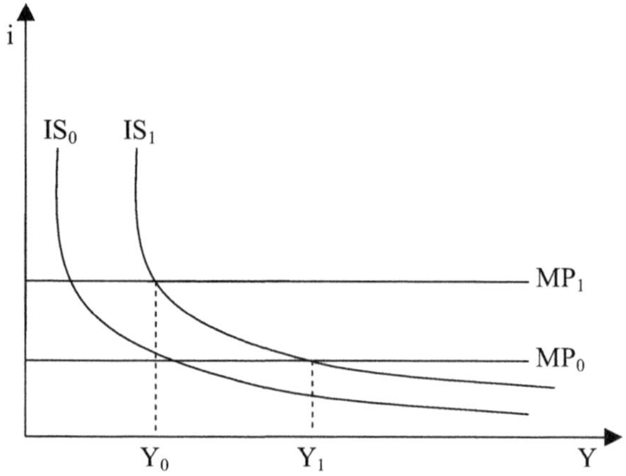


Le autorità di politica economica possono ritenere tale conseguenza sfavorevole e possono, quindi, tentare di agire allo scopo di rimuoverla. La manovra di politica fiscale espansiva, attuata dal Governo, può, infatti, essere affiancata da una manovra di politica monetaria restrittiva, attuata dalla Banca Centrale. Tale manovra può essere effettuata sia riducendo il livello dell'offerta di moneta che aumentando il tasso di interesse di riferimento. I due tipi di interventi sono descritti nuovamente nelle Figure 23 e 24. Come evidenziato nei due diagrammi, in entrambi i casi, gli effetti sulla produzione dell'aumento della spesa pubblica sono annullati dalla manovra attuata dalla Banca Centrale.

Si noti che considerazioni analoghe alle precedenti sono corrette anche nel caso in cui si voglia realizzare una riduzione della tassazione, ad esempio perché si ritiene che la pressione fiscale nell'economia sia troppo elevata, senza produrre una significativa accelerazione della dinamica dei prezzi.

Un esempio di un mix di politica economica simile a quella

appena descritto è rappresentato dalle politiche attuate all'inizio degli anni '80 negli Stati Uniti. Uno degli obiettivi primari dell'amministrazione di Ronald Reagan, che iniziò nel 1980, era costituito dal potenziamento di difesa e sicurezza. A tali interventi si accompagnò un insieme di misure volte a ridurre in modo significativo la tassazione. L'attuazione di tali politiche, peraltro, rischiava di causare un incremento dell'inflazione statunitense, che appariva già elevata in quegli anni, attestandosi su un valore ben al di sopra del 10%. Per tale ragione la politica fiscale espansiva di Reagan fu affiancata da una politica monetaria restrittiva, attuata allo scopo di impedire una accelerazione della crescita dei prezzi ed addirittura di rallentarne la dinamica. Nel periodo fra il 1980 ed il 1982, in particolare, il governatore della Federal Reserve, Paul Volcker, aumentò il tasso sui Federal Funds dall'11% al 18%. Nel medesimo periodo, pur in presenza della politica espansiva attuata dal governo, l'inflazione si ridusse dal 12,5% del 1980 al 3,8% del 1982.

L'ultimo tipo di mix di politica economica che può essere esaminato è rappresentato da un insieme di politiche attuate allo scopo di ridurre il disavanzo pubblico senza causare una recessione. Come è stato evidenziato nei paragrafi precedenti, un sistema economico non può sopportare il mantenimento di un disavanzo pubblico elevato per un lungo periodo di tempo, in quanto esso genera un debito pubblico crescente che può rapidamente raggiungere livelli insostenibili e causare una crisi finanziaria. Qualora un sistema economico presenti un disavanzo pubblico elevato è, dunque, necessario che esso lo riduca gradualmente attuando le opportune misure di politica fiscale. Poiché il disavanzo pubblico è dato dalla differenza fra uscite e entrate dello Stato, una sua riduzione è ottenibile solamente riducendo il livello della spesa pubblica o aumentando quello della tassazione.

Dall'analisi dei paragrafi precedenti appare evidente come la manovra descritta si configuri come un'azione di politica fiscale restrittiva che spinge la curva IS verso sinistra, facendola muovere da $IS_0$ a $IS_1$, come mostrato nelle Figure 25 e 26.

La manovra attuata per ridurre il disavanzo pubblico genera, dunque, anche una diminuzione del livello della produzione (che passa da $Y_0$ a $Y_1$), causando una recessione. Tale conseguenza può essere evitata qualora alla manovra di politica fiscale descritta si affianchi una opportuna manovra di politica monetaria. L'effetto sulla produzione della riduzione della spesa pubblica o dell'aumento delle tasse può, infatti, essere contrastato qualora la Banca Centrale lo accompagni con una manovra di politica monetaria espansiva, attuata aumentando il livello dell'offerta di moneta o riducendo il tasso di interesse di riferimento.

I due interventi citati sono descritti nelle Figure 25 e 26. Nel primo caso allo spostamento della curva IS si affianca uno spostamento verso destra della curva LM, da $LM_0$ a $LM_1$ che riporta il livello della produzione al valore iniziale. Nel secondo caso allo spostamento della curva IS si accompagna una traslazione verso il basso della retta MP che rende possibile, come nel caso precedente, il ritorno al livello di prodotto desiderato.

**Figura 25.** – *Un mix per ridurre il disavanzo senza causare una recessione (I)*

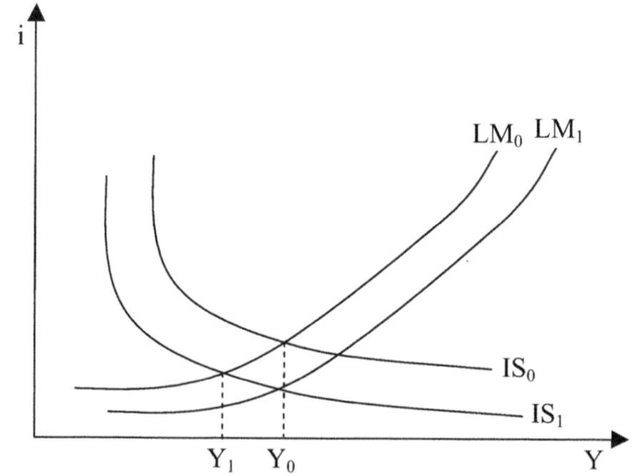

**Figura 26.** – *Un mix per ridurre il disavanzo senza causare una recessione (II)*

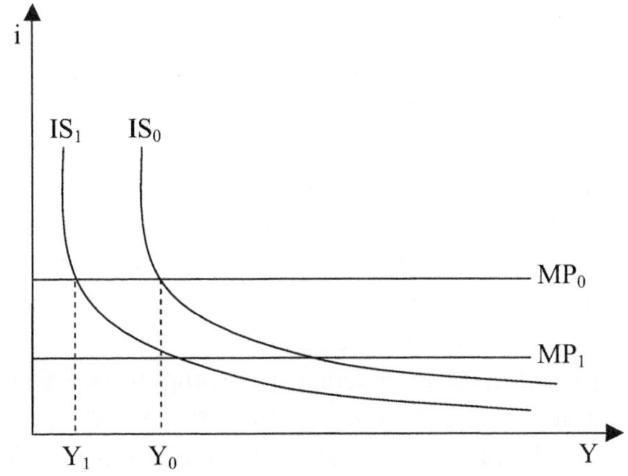


Un esempio del tipo di mix di politiche economiche appena descritto è rappresentato dall'insieme delle politiche attuate negli Stati Uniti a partire dal 1992 dal presidente Bill Clinton e dal governatore della Federal Riserve, Alan Greenspan. Nel corso degli anni '80 l'economia americana aveva accumulato un forte disavanzo pubblico che si era attestato alla fine del decennio su un valore pari a circa il 5% del Pil. Nel 1992 Clinton propose nel suo programma per la candidatura alla presidenza americana un piano di riduzione del disavanzo. Il principale problema di tale politica era rappresentato dal fatto che la politica fiscale restrittiva necessaria per attuare il programma avrebbe generato un effetto recessivo nel sistema economico statunitense. Tale problema era particolarmente serio perché l'economia americana aveva già subito una fase di recessione nel biennio 1990-1991, in concomitanza con la guerra del Golfo. Il governatore della Federal Reserve Alan Greenspan, peraltro, valutava positivamente il progetto di Clinton ritenendo il rientro del deficit un obiettivo primario per gli Stati Uniti. Per tale ragione la Federal Reserve si impegnò, seppure in modo informale, a favorire il piano di riduzione del disavanzo tramite l'attuazione di una politica monetaria espansiva.

Il piano di riduzione del disavanzo di Clinton fu approvato e il deficit pubblico statunitense si ridusse gradualmente, passando dal 5% del 1991 a circa il 3% nel 1994 fino a produrre nel 1998 persino un avanzo di bilancio di circa mezzo punto percentuale. Contemporaneamente la Federal Reserve ridusse il tasso di interesse di riferimento, generando un calo del tasso di interesse di mercato superiore ai due punti percentuali nel biennio 1992-1994. L'insieme delle due politiche attuate rese possibile la riduzione del disavanzo senza interrompere la fase di ripresa dell'economia americana che era iniziata nel 1992, dopo la recessione del biennio precedente. Il Pil statunitense evidenziò, infatti, nel biennio 1992-1993 una crescita media del 2,5% e nel corso del 1994 un incremento pari addirittura al 3,4%.

Un secondo esempio di mix di politica economica costituito da una politica fiscale restrittiva, attuata allo scopo di ridurre o controllare il deficit pubblico, e da una politica monetaria espansiva, attuata allo scopo di favorire l'espansione del prodotto, è rappresentato dall'insieme di interventi effettuati negli ultimi anni da molti Governi dei paesi dell'area dell'Euro e dalla Banca Centrale Europea (BCE). Più in dettaglio, molti paesi dell'Unione Monetaria Europea, caratterizzati da un debito pubblico elevato e vincolati dagli accordi connessi alla creazione dell'Unione stessa [22], sono stati costretti a mantenere un orientamento sostanzialmente restrittivo della politica fiscale allo scopo di controllare il deficit e la dinamica dei conti pubblici. Nel 2001, peraltro, l'economia mondiale ha evidenziato un sensibile rallentamento della crescita del prodotto ed è entrata in una fase di stagnazione, che si è rivelata molto severa soprattutto nel continen-

[22] In particolare il Patto di Stabilità e Crescita.

te europeo. Per tentare di contrastare questo fenomeno la BCE ha attuato, a partire dalla seconda metà del 2001 e fino al giugno del 2003, un insieme di interventi di politica monetaria espansiva, riducendo gradualmente il repo, che costituisce il tasso di riferimento per l'economia dell'area dell'Euro, dal 4,75% al 2%. La politica monetaria è stata, dunque, utilizzata per mitigare gli effetti degli shock negativi che hanno colpito i mercati internazionali mentre la politica fiscale è rimasta impegnata nel risanamento dei conti pubblici.

## 10. *L'equivalenza Ricardiana*

L'analisi del paragrafo 4 ha evidenziato come la dinamica dei conti pubblici abbia significative implicazioni per le scelte di politica fiscale, vincolando l'attuazione di interventi di tipo espansivo a causa dei loro effetti sfavorevoli sul disavanzo e, in alcuni casi, trasformando la riduzione stessa del deficit in un obiettivo di politica economica. Gli studi più recenti hanno, peraltro, mostrato come i vincoli connessi alla dinamica dei conti pubblici possano avere rilevanti conseguenze anche in merito all'efficacia della politica fiscale qualora essa venga considerata alla luce di teorie del consumo diverse da quella sintetizzata nell'equazione [2] del paragrafo 1.

Allo scopo di esaminare questo problema è necessario, innanzitutto, riconsiderare alcune delle conclusioni proposte nel paragrafo 4. L'esame del circolo vizioso deficit-debito-deficit presentato in tale occasione ha spiegato, in particolare, come mantenere per lungo tempo il livello delle entrate dello stato al di sotto di quello delle uscite generi un debito pubblico crescente, la cui dinamica porta, se non controllata, a una crisi finanziaria e all'insolvenza. L'evidente implicazione di tale conclusione è che la gestione dei conti dello Stato deve essere effettuata in modo da assicurare che il debito pubblico non cresca illimitatamente e, quindi, da garantire il pareggio dei conti pubblici nel lungo periodo. Il vincolo appena descritto può essere espresso analiticamente dalla seguente condizione:

$$\sum_{t=0}^{\infty} G_t (1+i)^{-t} = \sum_{t=0}^{\infty} T_t (1+i)^{-t}. \qquad [24]$$

L'equazione [25] indica che, considerando un orizzonte temporale senza limiti, che rappresenta il lungo periodo [23], la somma di tutte le spese che saranno effettuate non può eccedere la somma di tutte le entrate che saranno percepite. Poiché entrate e uscite avvengono in periodi differenti, se ne considera il valore attuale moltiplicando ciascuna di esse per l'opportuno fattore di sconto.

È importante sottolineare come il vincolo espresso dalla [24] non indichi la necessità di finanziare immediatamente ciascuna spesa effettuata ma si limiti a esprimere l'obbligo di finanziarla nel presente o nel futuro con nuove entrate. Il vincolo non rende dunque necessario il mantenimento del pareggio di bilancio in ciascun periodo ma permette periodi in cui si genera disavanzo, purché esso sia recuperato nei periodi successivi.

Il vincolo espresso dalla [24] rappresenta solamente una formalizzazione delle implicazioni dell'analisi del paragrafo 4 che derivano dall'interazione fra scelte di politica fiscale e dinamica dei conti pubblici. Come si è già detto, le conseguenze di tale vincolo diventano molto più significative se esso viene interpretato alla luce di una teoria del consumo differente dalla teoria keynesiana proposta nel paragrafo 1.

La teoria del consumo espressa nel paragrafo 1, in particolare, assume che il problema della scelta delle famiglie di quanto consumare in ciascun periodo venga risolto valutando quale quota del reddito percepito nel medesimo periodo (il cosiddetto "reddito corrente") debba essere spesa per acquistare beni e quale quota debba, invece, essere risparmiata. La decisione viene ef-

---

[23] Assumere un orizzonte temporale infinito è plausibile facendo riferimento ai conti dello Stato, in quanto esso costituisce una istituzione che, una volta creata, non prevede, in linea teorica, un termine.

fettuata senza tenere alcun conto della dinamica prevista dei redditi futuri e viene, quindi, completamente risolta in un orizzonte di tipo uniperiodale. Alla teoria appena descritta se ne affianca una seconda che sostiene che le scelte di consumo in ciascun periodo vengono effettuate da parte delle famiglie tenendo conto dell'insieme dei redditi che verranno percepiti nel corso del tempo [24]. Secondo questa interpretazione, il problema delle scelte di consumo è un problema di tipo pluripediodale in cui le famiglie programmano il livello di consumi che vogliono mantenere in ciascuno dei periodi futuri sulla base del reddito medio che esse ritengono percepiranno (detto "reddito permanente") [25]. Nei periodi in cui il reddito corrente è maggiore del reddito permanente le famiglie risparmieranno mentre nei periodi in cui il reddito corrente è minore esse impiegheranno parte dei fondi risparmiati o prenderanno fondi in prestito. L'equazione [2] del paragrafo 1 sarà dunque sostituita da

$$C = C(Y^{dp}) \qquad [25]$$

dove $Y^{dp}$ è il reddito disponibile permanente, che rappresenta il valore medio dei redditi futuri al netto delle tasse, e la funzione C(.) è crescente.

L'idea che le scelte di consumo dipendano dal reddito disponibile permanente anziché da quello corrente, insieme a quella per cui c'è un vincolo a mantenere in pareggio il bilancio pubblico nel lungo periodo ha rilevanti implicazioni in merito all'efficacia della politica fiscale. Per comprendere tali conseguenze consideriamo un esempio specifico, rappresentato da una manovra di riduzione delle tasse. Assumiamo, in particolare, che il Governo decida oggi di ridurre il livello della tassazione T senza modifi-

---

[24] Tale teoria trae origine a partire dai celebri lavori di Friedman e Modigliani su reddito permanente e ciclo vitale.

[25] Poiché i redditi futuri saranno percepiti in periodi diversi, il reddito medio è calcolato moltiplicando ciascuno di essi per l'opportuno fattore di sconto.

care la spesa pubblica G. Nell'analisi del paragrafo 3 la riduzione delle tasse genera un incremento del reddito disponibile corrente che, alla luce della teoria del consumo espressa dall'equazione [2] del paragrafo 1, causa, a sua volta, un aumento dei consumi. Il progresso dei consumi accresce la domanda aggregata di beni e genera in equilibrio un incremento del prodotto. La manovra causa dunque, come è noto, effetti di tipo espansivo.

Conseguenze molto diverse sono ottenute qualora le decisioni di consumo non vengano prese sulla base dell'equazione [2] del paragrafo 1 ma sulla base dell'equazione [25] appena descritta. Assumiamo di nuovo che il governo decida oggi di ridurre il livello della tassazione T senza modificare il livello della spesa pubblica G. Come spiegato in precedenza, il vincolo espresso dalla [24] implica che le minori entrate generate oggi dalla riduzione delle tasse dovranno essere finanziate in futuro riducendo il livello delle uscite o riaumentando quello delle entrate. In altre parole al decremento di T attuato oggi dovrà seguire in futuro un decremento di G o un nuovo aumento di T.

Assumiamo che sia noto che il Governo non ridurrà mai il livello di G. Sotto tale ipotesi, il vincolo [24] indica che la riduzione delle tasse attuata oggi potrà essere solo temporanea per il fatto che essa dovrà essere seguita da un incremento delle tasse future necessario per finanziarla. Tale conclusione ha importanti implicazioni in merito alle dinamiche del reddito disponibile corrente e di quello permanente. Poiché, infatti, la riduzione odierna delle tasse sarà certamente seguita da un incremento futuro, il reddito disponibile aumenterà oggi ma si ridurrà in seguito. Ciò significa che il reddito disponibile permanente (che è una media e tiene conto sia dell'aumento del reddito presente che della riduzione del reddito futuro) non cambierà. Tale conclusione implica che, se i consumatori conoscono il vincolo [24] e prendono le decisioni sulla base del reddito permanente, essi non modificheranno il consumo presente. Il maggior reddito disponibile corrente genererà solamente un incremento del risparmio che servirà a non dover ridurre il consumo in futuro quando il reddito diminuirà per l'inevitabile aumento di T.

Il mancato incremento dei consumi ha importanti implicazioni in merito agli effetti della politica fiscale. Se le famiglie non aumentano la loro spesa per l'acquisto di beni, infatti, la domanda aggregata non cresce e il livello del prodotto di equilibrio si mantiene invariato. Qualora le decisioni di consumo vengano prese sulla base dell'equazione [25] tenendo conto del vincolo [24], la politica fiscale espansiva appare del tutto inefficace. Tale conclusione è nota come la "proposizione di equivalenza ricardiana" perché legata ad un'affermazione di David Ricardo in cui si suggeriva che manovre attuate in disavanzo o in pareggio fossero equivalenti, per gli effetti del vincolo espresso dalla [24], sulle decisioni dei consumatori[26-27].

L'analisi precedente sembra suggerire come, qualora le decisioni di consumo vengano prese facendo riferimento al reddito permanente in un'ottica di tipo pluriperiodale, la politica fiscale espansiva risulti pienamente inefficace. È opportuno sottolineare come tale conclusione sia stata messa in discussione da una ampia letteratura scientifica che ha evidenziato come esistano molte ragioni per cui, anche data l'ipotesi appena citata, gli effetti della politica fiscale descritti nel paragrafo 3 mantengano la loro rilevanza.

---

[26] L'interpretazione moderna della "proposizione di equivalenza ricardiana" si deve a Barro (1974).

[27] È utile, inoltre, sottolineare come una letteratura recente abbia evidenziato che il passaggio da una analisi di tipo uniperiodale ad una di tipo pluriperiodale, su cui si fonda la proposizione di equivalenza ricardiana, implica anche che, in alcuni casi, politiche di riduzione della spesa pubblica (o di incremento della tassazione) possano avere effetti espansivi sul prodotto a causa delle loro conseguenze sulle aspettative. Tali possibili effetti (detti "effetti non-keynesiani" della politica fiscale) sono trascurati per semplicità in questo testo che si limita all'esame degli effetti spiegati dalla teoria tradizionale.

A tale proposito, pur non proponendo, per ragioni di spazio, un'analisi completa degli argomenti che evidenziano i limiti della proposizione di equivalenza ricardiana, appare opportuno citare brevemente almeno i più importanti fra essi. Un primo argomento riguarda il problema connesso al fatto che il vincolo a mantenere in pareggio i conti pubblici nel lungo periodo espresso dalla [24], fa riferimento ad un orizzonte temporale infinito che appare plausibile considerare riguardo ai conti pubblici ma risulta inadeguato per quanto concerne le decisioni di consumo delle famiglie. È, infatti, probabile che, poiché gli individui non hanno una vita infinita, essi prendano le proprie decisioni di consumo considerando un orizzonte temporale limitato. Se ciò avviene, una riduzione della tassazione attuata oggi torna ad avere un effetto positivo sui consumi perché gli individui sono consapevoli del fatto che le tasse verranno nuovamente alzate in futuro ma sanno anche che è possibile che l'incremento sia molto lontano nel tempo e che si ponga quindi al di fuori del loro orizzonte temporale. In altre parole, i consumatori sanno che essi beneficeranno sicuramente della riduzione delle tasse attuata oggi mentre potrebbero non essere loro a doverne sopportare in futuro l'incremento [28].

Un secondo argomento, che si fonda su considerazioni abbastanza simili, considera il caso in cui una economia sia oggetto di una forte immigrazione. Qualora all'interno di un sistema economico, infatti, siano presenti forti flussi migratori in entrata, le conclusioni della proposizione di equivalenza ricardiana decadono per il fatto che gli individui che oggi beneficiano della riduzione delle imposte sanno che i costi connessi all'incremento futuro saranno in parte pagati dagli immigrati.

---

[28] Ovviamente l'argomento appena riportato non è utilizzabile qualora si assuma che i consumatori siano altruisti e lascino in eredità alle generazioni future le risorse necessarie per far fronte al futuro incremento delle tasse.

Agli argomenti che riguardano le possibili differenze fra i soggetti che beneficiano della riduzione presente delle tasse e quelli che ne sopportano il futuro incremento si affiancano, inoltre, altre ragioni che fanno riferimento a possibili vincoli e distorsioni nelle scelte individuali. Un caso di questo tipo si verifica, in particolare, quando, differentemente da quanto assunto finora, i consumatori si trovino ad operare in un contesto caratterizzato da mercati del credito imperfetti ed effettuino, quindi, le proprie scelte di consumo in presenza di vincoli di liquidità. Si supponga, a tale proposito, che un consumatore preveda un profilo crescente nel tempo dei propri redditi e che abbia, di conseguenza, un reddito corrente inferiore al reddito permanente. In assenza di vincoli di liquidità, qualora il consumatore determini il proprio livello di consumo sulla base della [25], egli prenderà oggi a prestito denaro per consumare e lo restituirà, pagando gli interessi, negli anni in cui il suo reddito sarà divenuto più elevato. In presenza di mercati del credito imperfetti, peraltro, il consumatore potrebbe essere soggetto a vincoli di liquidità, nel senso che potrebbe non trovare nessun soggetto disposto a prestargli oggi denaro. Appare evidente come, in questo caso, le conclusioni della proposizione di equivalenza ricardiana in merito all'inefficacia di una manovra di politica fiscale espansiva attuata riducendo la tassazione non siano più verificate. Una diminuzione delle tasse correnti, infatti, genererebbe, in questo caso, un immediato incremento dei consumi perché, incrementando il reddito disponibile corrente, andrebbe ad allentare il vincolo di liquidità.

Conclusioni analoghe sull'efficacia della politica fiscale si ottengono anche nel caso in cui, differentemente da quanto assunto nell'analisi precedente, la tassazione sul reddito non sia in somma fissa ma sia proporzionale al livello del reddito stesso [29]. È, infatti, possibile dimostrare che, in questa situazione, la tassazione distorce le scelte di consumo e variazioni nel suo livello

[29] Ossia se si avesse $Y^d = Y(1 - \tau)$ con $0 < \tau < 1$ anziché $Y^d = Y - T$.

modificano le decisioni di acquisto di beni da parte delle famiglie, anche qualora esse siano prese sulla base della [26].

Un ultimo argomento che può essere citato nel ricordare i principali limiti della proposizione di equivalenza ricardiana è, infine, costituito dal fatto che essa è pienamente verificata solo qualora si assuma che la riduzione delle tasse attuata oggi senza diminuire la spesa pubblica sarà finanziata in futuro da un incremento di T e non da una riduzione di G. Il vincolo [25], infatti, obbliga lo Stato a finanziare prima o dopo il decremento delle tasse effettuato oggi ma non esclude che tale finanziamento possa essere effettuato in futuro riducendo la spesa. Il fatto che il Governo abbia deciso di mantenere la spesa invariata nell'immediato, d'altra parte, non esclude che essa possa essere ridotta in futuro. Come appare evidente, se i consumatori attribuiscono una probabilità positiva al caso in cui il finanziamento futuro dell'attuale riduzione dell'imposta sarà effettuato tramite una riduzione della spesa, essi percepiscono, almeno in parte[30], l'attuale incremento del reddito disponibile come un incremento permanente e decidono, di conseguenza, di aumentare i loro consumi.

In conclusione, l'insieme di argomenti appena proposto riduce in modo molto significativo l'applicabilità della proposizione di equivalenza ricardiana evidenziando come, di fatto, essa descriva soltanto una situazione limite che si genera solo nel caso in cui molte condizioni specifiche sono verificate. Nella realtà dei sistemi economici, quindi, l'attuazione di manovre di politica fiscale espansiva implementata tramite una riduzione delle imposte genera di fatto effetti positivi sui consumi espandendo il livello del prodotto come spiegato nel paragrafo 3. Appare, peraltro, evidente come le argomentazioni connesse alla proposizione di equivalenza ricardiana, pur non trovando una applicabilità completa nelle economie reali, indichino un insieme di ragioni che spiegano come gli effetti favorevoli sul livello dei

---

[30] O almeno con una certa probabilità.

consumi e sul livello del prodotto descritti nel paragrafo 3 possano essere mitigati, in alcuni casi anche in misura rilevante, nel caso in cui i consumatori percepiscano il beneficio connesso alla riduzione delle imposte come temporaneo. In altre parole, le conclusioni dell'equivalenza ricardiana, pur non risultando così convincenti da garantire la piena inefficacia della politica fiscale espansiva evidenziano, in qualche modo, alcune possibili limitazioni all'ampiezza dei suoi effetti.

## 11. *Il trade off fra inflazione e disoccupazione*

L'analisi proposta nei paragrafi precedenti ha considerato il legame che esiste fra gli obiettivi di politica economica tenendo conto della relazione decrescente che lega disoccupazione e produzione (decritta dall'equazione [10]) e della relazione crescente che lega produzione e inflazione (descritta dall'equazione [11]). Allo scopo di evidenziare in modo più completo le implicazioni della seconda di tali relazioni appare ora opportuno approfondire il significato dell'equazione [10].

Come accennato nel paragrafo 1 tale equazione costituisce una semplice descrizione dell'equilibrio del mercato del lavoro, come descritto dal modello detto Curva di Phillips. Una possibile formalizzazione di questo modello, utile ai fini della trattazione proposta in questo testo, è la seguente [31]:

---

[31] La formalizzazione utilizzata può essere ottenuta tramite set di ipotesi alternative. Fra gli altri, essa può essere derivata da un modello di analisi del mercato del lavoro in cui la contrattazione fra imprese e lavoratori sul livello del salario reale è influenzata dal potere contrattuale delle parti e dalle caratteristiche strutturali dell'economia. Si noti, inoltre, che la formulazione della curva di Phillips qui proposta si riferisce specificamente al breve periodo. Come ampiamente evidenziato dall'analisi economica, infatti, nel medio e nel lungo periodo la relazione fra inflazione e livello della disoccupazione descritta dalla [27] scompare e la disoccupazione

$$\pi_t = \pi^E - b(u_t - u_n) \qquad [26]$$

dove $\pi_t$ e $\pi^E$ rappresentano rispettivamente l'inflazione e l'inflazione attesa al tempo t, $u_t$ rappresenta la disoccupazione al tempo t e $u_n$ rappresenta la cosiddetta "disoccupazione naturale", che costituisce la disoccupazione determinata dalle caratteristiche strutturali dell'economia. In una formulazione generale il termine b può rappresentare una funzione crescente di $(u_t - u_n)$. Una usuale semplificazione, che utilizzeremo anche in questo testo, è che b sia semplicemente un parametro positivo.

Assumendo che in ogni periodo i lavoratori si attendano una inflazione pari a quella del periodo precedente (l'ipotesi detta di "aspettative adattive") otteniamo:

$$\pi_t = \pi_{t-1} - b(u_t - u_n) \qquad [27]$$

Si noti, infine, che l'equazione [28] è equivalente alla [11], di cui costituisce una possibile esplicitazione, considerando che $\pi_{t-1}$ è dato al tempo t, $u_n$ è una grandezza strutturale che si può assumere costante e che l'equazione [10] esplicita la relazione decrescente fra prodotto e disoccupazione. A tale proposito si noti che l'equazione [28] può anche essere scritta nella forma[32]:

$$\pi_t = \pi_{t-1} + a - bu_t \qquad [28]$$

dove $a = bu_n$.

Una rappresentazione grafica dell'equazione [28] è proposta nella seguente Figura 27. La retta disegnata nel diagramma rappresenta la relazione espressa dalla [28] ed è decrescente a causa della relazione decrescente descritta dall'equazione. Inoltre, la retta interseca l'asse delle ordinate ad un valore pari a $\pi_{t-1}$ in quanto, nel caso in cui la differenza fra $u_t$ e $u_n$ sia nulla, l'inflazione al tempo t è uguale a quella al tempo t – 1.

---

è fissa al livello $u_n$, determinato dalle caratteristiche strutturali dell'economia considerata.

[32] Tale forma è quella che verrà impiegata negli esercizi della seconda parte.

**Figura 27.** – *La rappresentazione della curva di Phillips*

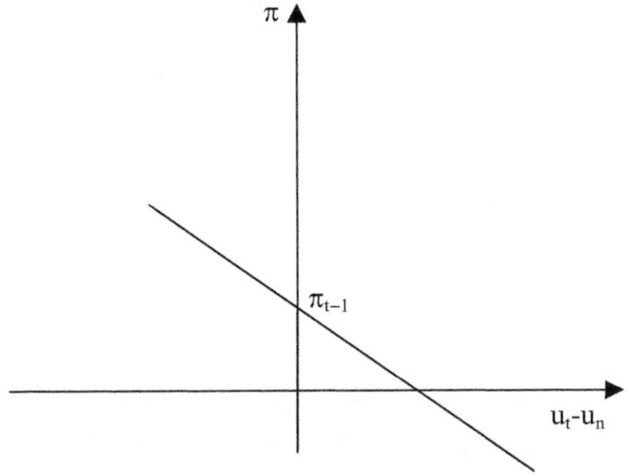


Esaminando l'equazione [28] si rileva facilmente che essa indica l'esistenza di un *trade off* (effetto di sostituzione) fra variazione dell'inflazione e differenza fra tasso di disoccupazione e tasso di disoccupazione naturale. Tale relazione può essere letta in due direzioni alternative. Una prima possibile lettura indica, in particolare, che, qualora il tasso di disoccupazione dell'economia sia inferiore al tasso di disoccupazione naturale l'inflazione al tempo t dovrà essere maggiore di quella registrata al tempo t – 1 [33]. Alternativamente, se il tasso di inflazione del periodo t è inferiore a quello del periodo precedente, il tasso di disoccupazione dell'economia dovrà essere superiore al tasso di disoccupazione naturale [34].

[33] Dal punto di vista analitico se $u_t < u_n$ il secondo addendo del secondo membro della [28] è positivo. Poiché tale addendo si somma a $\pi_{t-1}$ ciò implica che il valore al primo membro sia maggiore di $\pi_{t-1}$, ossia che $\pi_t > \pi_{t-1}$.

[34] Dal punto di vista analitico $\pi_t$ può essere inferiore rispetto a $\pi_{t-1}$ solo se il secondo addendo del secondo membro della [28] è negativo. Ciò implica necessariamente $u_t > u_n$.

Questi risultati hanno diverse implicazioni per la politica economica. In primo luogo essi forniscono un approfondimento delle ragioni dei risultati in termini di disoccupazione e inflazione delle politiche restrittive ed espansive descritte nei paragrafi precedenti. Secondariamente esse indicano nuove conclusioni in merito agli effetti di due tipologie di politiche: una politica attuata allo scopo di ridurre il tasso di inflazione di una economia e una politica attuata allo scopo di mantenere la disoccupazione al di sotto della disoccupazione naturale.

Per esaminare gli effetti di entrambe le politiche ricordiamo che l'equazione [28], che esprime i valori delle variabili nel generico periodo t, può essere impiegata per esprimere i valori di periodi differenti come k, k + 1 e così via. Nel caso del tempo k avremo in particolare:

$$\pi_k - \pi_{k-1} = -b(u_k - u_n) \qquad [29]$$

mentre nel caso di k + 1 avremo:

$$\pi_{k+1} - \pi_k = -b(u_{k+1} - u_n) \qquad [30]$$

Analoghe versioni dell'equazione possono essere facilmente determinate per i periodi k + 2, k + 3 e seguenti.

Consideriamo ora la prima delle due politiche descritte in precedenza e assumiamo che, data una situazione iniziale in cui la nostra economia è caratterizzata al tempo k – 1 da un tasso di disoccupazione pari al tasso di disoccupazione naturale e da un tasso di inflazione pari al livello $\pi_{k-1}$, le autorità di politica economica decidano al tempo k di ridurre l'inflazione ad un livello inferiore ritenuto ottimale, o comunque più accettabile [35]. Ipotizziamo che la riduzione possa avvenire in due modi: con un taglio drastico, che porti immediatamente l'inflazione al nuovo livello desiderato al tempo k (strategia della "doccia fredda" o "doccia scoz-

[35] Non consideriamo qui il modo in cui tale manovra viene attuata. Assumiamo che vengano utilizzati, nel modo opportuno, gli strumenti descritti nei paragrafi precedenti.

zese"), o con un taglio suddiviso in diversi periodi, che porti l'inflazione a ridursi nell'arco di due o più anni (strategia della "gradualità").

Vediamo ora cosa accade nel caso della strategia della doccia fredda (riduzione in un unico periodo), utilizzando l'analisi grafica proposta nella Figura 28.

**Figura 28.** – *Curva di Phillips e strategie della doccia fredda e della gradualità*

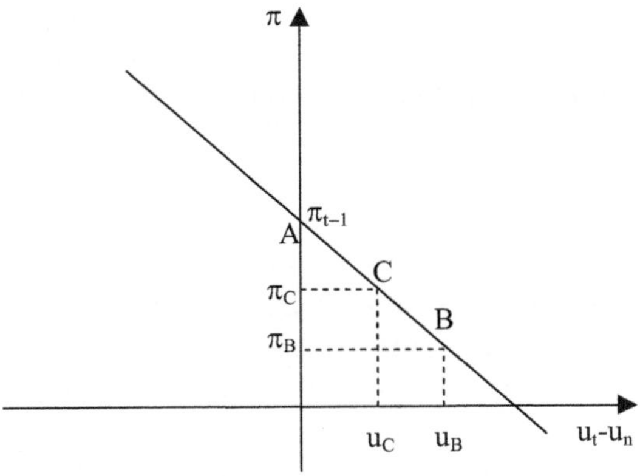


In tale situazione, le autorità di politica economica individuano un livello di inflazione desiderata, inferiore a $\pi_{k-1}$, e portano l'inflazione a tale livello. Data la Curva di Phillips, e poiché l'inflazione in k è ad un livello inferiore a quello del periodo precedente, la nostra economia si troverà nel punto B della Figura 28, a cui si associa una disoccupazione pari a $u_B$, superiore alla disoccupazione naturale. L'aumento della disoccupazione si esaurirà, in questo caso, in un unico periodo. Nel successivo periodo k + 1, infatti, le autorità di politica economica non hanno più ragioni per intervenire sul tasso di inflazione (che ha raggiunto in k il livello desiderato). Per tale ragione $\pi_{k+1}$ sarà uguale a $\pi_k$ e l'economia si troverà nel punto A del diagramma 28, dove la disoccupazione ritorna ad essere pari al livello naturale. A tale livello essa rimarrà anche in tutti i periodi successivi perché nessun intervento verrà più attuato sull'inflazione.

Risultati parzialmente diversi si ottengono, invece, nel caso della strategia della gradualità, che prevede la riduzione dell'inflazione in più periodi. Assumiamo, per semplicità, che i periodi siano due. In tale caso le autorità di politica economica attuano in k una politica che riduce il tasso di inflazione ad un livello che è inferiore a $\pi_{k-1}$ ma non ancora pari a quello desiderato (ad esempio ad un livello a metà fra quello del periodo precedente e quello considerato ottimale). Come mostrato nella Figura 28, l'economia si troverà in questo caso in un punto come il punto C, dove la disoccupazione sarà superiore alla disoccupazione naturale ma si attesterà ad un livello inferiore rispetto a quello che si determinava nel caso della strategia della doccia fredda. Data la strategia scelta, le autorità di politica economica attueranno al tempo k + 1 ad una nuova riduzione del tasso di inflazione che ne porterà il livello al valore ottimale. La nuova riduzione farà sì che anche al tempo k + 1 l'inflazione sia inferiore rispetto a quella del periodo precedente. L'economia si manterrà quindi in un punto come il punto C e il tasso di disoccupazione rimarrà ad un livello superiore a quello naturale, anche se, per le ragioni spiegate con riferimento al tempo k, esso non potrà comunque raggiungere il livello che si otteneva nel caso della strategia della doccia fredda. Solamente in k + 2, quando le autorità di politica economica non modificheranno più l'inflazione, l'economia tornerà nel punto A e la disoccupazione tornerà ad attestarsi al tasso naturale, valore che manterrà anche nei periodi successivi poiché non verranno più attuati interventi sull'inflazione.

Il confronto fra le due manovre alternative di riduzione dell'inflazione (doccia fredda e gradualità) appena descritto evidenzia chiaramente costi e benefici alternativi dei due approcci (descritti anche nella successiva Figura 29).

**Figura 29.** – *Gli effetti sulla disoccupazione di diverse manovre di disinflazione*

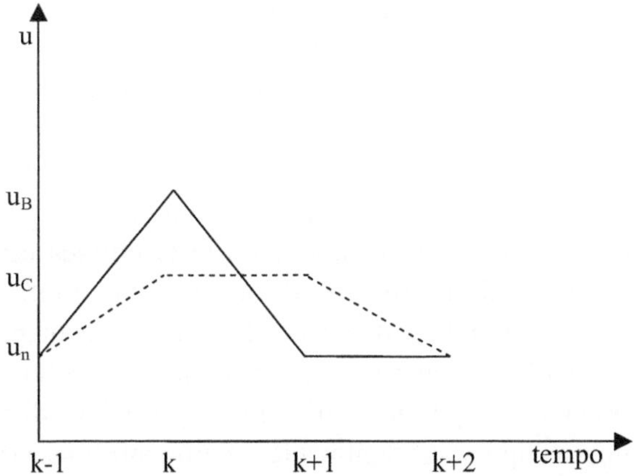


Nel caso della strategia della doccia fredda (rappresentata dalla linea continua nel diagramma), la manovra appare in grado di raggiungere in un solo periodo il livello di inflazione desiderato determinando costi in termini di disoccupazione che appaiono più contenuti nel tempo. Dal punto di vista dell'entità del costo da sopportare, l'incremento della disoccupazione appare però più elevato del caso della strategia della gradualità (rappresentata dalla linea tratteggiata nel diagramma). Tale seconda manovra, invece, richiede un sacrificio più blando con riferimento all'entità dell'incremento della disoccupazione, ma necessita di un maggior tempo per ottenere i risultati desiderati e di un periodo più lungo di disoccupazione al di sopra del livello naturale.

Dopo avere esaminato il caso di una riduzione dell'inflazione, esaminiamo ora l'altra tipologia di manovra interessata dal trade off descritto dalla Curva di Phillips: il caso in cui le autorità di politica economica vogliano mantenere la disoccupazione al di sopra della disoccupazione naturale. Distinguiamo anche in questo caso due diverse manovre: la prima prevede di ridurre la disoccupazione al di sotto di $u_n$ e di mantenerla a quel livello per tutti i periodi futuri (manovra di riduzione permanente), la seconda prevede di portare la disoccupazione al di sotto di $u_n$ solo per alcuni periodi, lasciando poi che essa torni al livello naturale (manovra di riduzione temporanea).

Consideriamo innanzitutto il caso della riduzione permanete. Assumiamo, in particolare, che, dato il livello di inflazione $\pi_{k-1}$ e dato un valore di $u_{k-1}$ pari a $u_n$, le autorità di politica economica valutino che il livello ottimale di disoccupazione è inferiore alla disoccupazione naturale e decidano di attuare una manovra che ne riduca il livello al tempo k e ne mantenga il livello al valore desiderato per tutti i periodi futuri. Le implicazioni di un intervento di questo tipo sono facilmente determinabili usando il diagramma nella Figura 30.

Al tempo k, infatti, la scelta di portare la disoccupazione al di sotto di $u_n$ implica, data la Curva di Phillips, che l'economia si trovi in un punto come il punto D della figura, dove la differenza fra $u_t$ e $u_n$ è negativa. In tale punto l'inflazione deve essere superiore a quella del periodo precedente, per cui la manovra determinerà un incremento dell'inflazione al tempo k. L'accelerazione della dinamica dei pezzi registrata in k, d'altra parte, non risulterà limitata a tale periodo. Al tempo k + 1, infatti, poiché la disoccupazione si mantiene al di sotto del livello naturale, l'economia si troverà nuovamente nel punto D, cosicché l'inflazione dovrà nuovamente aumentare. Si noti che ciò non significa che l'inflazione in k + 1 si manterrà al nuovo livello registrato in k, più elevato di quello di k – 1, ma, invece, che essa mostrerà un nuovo incremento. Un fenomeno analogo si registrerà in tutti i successivi periodi k + 2, k + 3, ecc. poiché la manovra mantiene la disoccupazione al di sotto di $u_n$ in modo permanente. Il costo della politica attuata sarà quindi rappresentato da una crescita illimitata del tasso di inflazione, simile a quella rappresentata dalla linea continua nella Figura 31.

**Figura 30.** – *Curva di Phillips e strategie della doccia fredda e della gradualità*

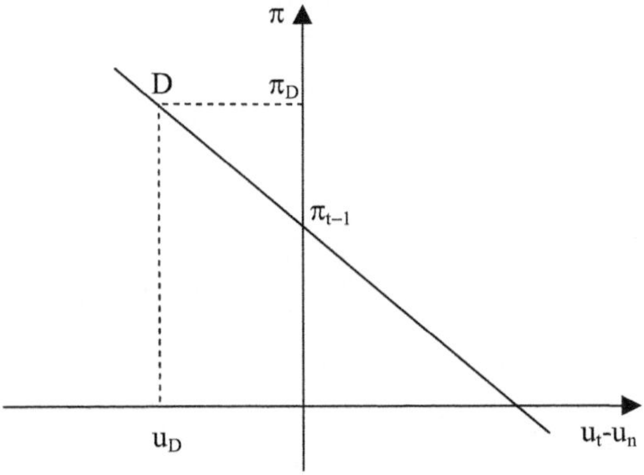


Poiché, d'altra parte, appare evidente che una crescita illimitata dell'inflazione non è sopportabile per nessun sistema economico, l'analisi precedente indica chiaramente come manovre che vogliano mantenere il tasso di disoccupazione al di sotto della disoccupazione naturale in modo permanente non siano di fatto sostenibili.

Risultati diversi dai precedenti si ottengono, infine, qualora la manovra attuata preveda una riduzione temporanea della disoccupazione al di sotto del livello naturale. Assumiamo, ad esempio, che, al tempo k, le autorità di politica economica decidano di portare $u_k$ al di sotto di $u_n$ lasciando poi che in k + 1, la disoccupazione risalga al livello naturale[36]. La manovra attuata

[36] L'esempio proposto esamina, per semplicità, una manovra che ridu-

al tempo k, spinge in tale periodo l'economia nel punto D della precedente Figura 30, determinando un incremento del tasso di inflazione ($\pi_k > \pi_{k-1}$). Al tempo k + 1, d'altra parte, la disoccupazione tornerà ad attestarsi al livello naturale, a cui rimarrà anche in tutti i periodi successivi, e l'economia si porterà nel punto A, dove rimarrà stabilmente. A partire dal tempo k + 1, quindi, l'inflazione cesserà di crescere. Essa non tornerà però al livello registrato in k – 1, prima dell'attuazione della manovra, ma si attesterà stabilmente al livello $\pi_k$. Il costo della manovra di riduzione temporanea della disoccupazione sarà dunque costituito da un incremento permanente dell'inflazione come quello rappresentato dalla linea tratteggiata nella Figura 31. Tale co-

**Figura 31.** – *Gli effetti sulla disoccupazione di diverse manovre di disinflazione*

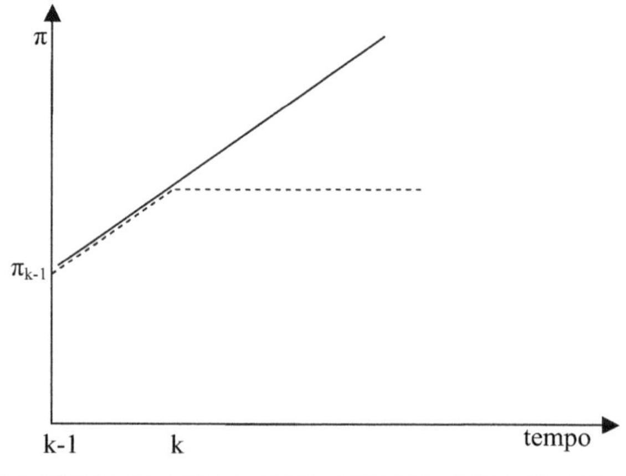


sto appare chiaramente inferiore rispetto a quello da sostenere nel caso di una manovra di riduzione permanente. Esso risulta,

ca la disoccupazione per un periodo. Risultati qualitativamente analoghi si hanno per manovre temporanee più lunghe.

d'altra parte, comunque, molto elevato se si considera che, al termine della manovra, l'economia si troverà ad avere una disoccupazione uguale a quella che aveva prima che la manovra venisse attuata ed una inflazione stabilmente più elevata.

L'insieme delle conclusioni relative a manovre di riduzione sia permanente che temporanea del tasso di disoccupazione al di sotto della disoccupazione naturale suggeriscono come interventi di questo genere costituiscano di norma politiche inadeguate per avere effetti soddisfacenti e duraturi sulle grandezze del mercato del lavoro. Risultati migliori possono, invece, essere ottenuti con politiche di natura strutturale che agiscano direttamente sul livello di $u_n$[37]. Un esame dettagliato di politiche di questo tipo va, però, oltre i limiti dell'oggetto di questo testo.

---

[37] Ad esempio politiche che migliorino l'efficienza del mercato del lavoro o aumentino la concorrenza nel mercato dei beni.

# PARTE SECONDA

# ESERCIZI DI MACROECONOMIA

## 1. *Effetti di politica fiscale e politica monetaria*

### ➢ ESERCIZIO 1

### *Determinazione dell'equilibrio di breve periodo nel modello IS – LM*

Una economia è caratterizzata dalle seguenti equazioni:

$C = 400 + 0{,}5Y^D$
$I = 700 - 4.000i + 0{,}1Y$
$G = 200$
$T = 200$
$M^D = 0{,}5Y - 7.500i$

$$\frac{M^S}{P} = 500$$

a) Si scrivano le equazioni delle curve IS e LM precisandone il significato economico.

b) Si determinino i valori di equilibrio di produzione e tasso di interesse.

c) Si determinino i valori di equilibrio di consumi ed investimenti.

### Soluzione

La risoluzione dell'esercizio può essere ottenuta tramite i passi seguenti:

1. Determinazione della curva IS imponendo $Y = Z$. Per comodità esprimiamo $Y = f(i)$.

2. Determinazione della curva LM imponendo $M^S/P = M^D$. Per comodità esprimiamo $i = g(Y)$.

3. Costruzione del sistema fra equazione IS e equazione LM.

$$\begin{cases} Y = f(i) \\ i = g(Y) \end{cases}$$

Sostituendo g(Y) in f(i) otteniamo Y = f(g(Y)) la cui soluzione è il valore di equilibrio della produzione $Y_E$.

4. Sostituendo $Y_E$ in i = g(Y) otteniamo il valore di equilibrio del tasso di interesse $i_E$.

5. Sostituendo $Y_E$ ed $i_E$ nelle equazioni di consumo e investimento otteniamo i valori di equilibrio $C_E$ e $I_E$.

Applichiamo la tecnica di risoluzione al problema proposto.

1. Determinazione dell'equazione della curva IS.

La domanda aggregata è costituita dalla somma di consumi, investimenti e spesa pubblica

$$Z = C + I + G$$

Sostituendo le equazioni ed i valori di C, I, G e T otteniamo

$$Z = 400 + 0{,}5(Y - 200) + 700 + 0{,}1Y - 4.000i + 200 = \\ = 1.200 + 0{,}6Y - 4.000i$$

Imponendo la condizione di equilibrio mercato dei beni Y = Z otteniamo

$$Y = 1.200 + 0{,}6Y - 4.000i$$

Esprimendo Y in funzione di i (nella forma Y = f(i)) si ha

$$(1 - 0{,}6)\ Y = 1.200 - 4.000i$$

da cui

$$Y = \frac{1.200}{0{,}4} - \frac{4.000}{0{,}4}i = 3.000 - 10.000i$$

La curva IS esprime le coppie di valori di Y e i che garantiscono che il mercato dei beni sia in equilibrio.

2. Determinazione della equazione della curva LM.
Domanda ed offerta di moneta sono espresse da

$$M^D = 0{,}5Y - 7.500i$$

e

$$\frac{M^S}{P} = 500$$

Imponendo la condizione di equilibrio dei mercati finanziari $\frac{M^S}{P} = M^D$ otteniamo

$$500 = 0{,}5Y - 7.500i$$

Esprimendo i in funzione di Y (nella forma i = g(Y)) abbiamo

$$i = \frac{0{,}5}{7.500}Y - \frac{500}{7.500} = \frac{0{,}5}{7.500}Y - \frac{1}{15}$$

3. Mettiamo a sistema le due equazioni.

$$Y = 3.000 - 10.000i$$

$$i = \frac{0{,}5}{7.500}Y - \frac{1}{15}$$

Sostituendo i dalla LM nella IS abbiamo

$$Y_E = 3.000 - 10.000\left[\frac{0{,}5}{7.500}Y_E - \frac{1}{15}\right] = 3.000 +$$

$$-\frac{2}{3}Y_E + \frac{2.000}{3}$$

da cui

$$\left(1 + \frac{2}{3}\right)Y_E = 3.000 + \frac{2.000}{3}$$

e

$$Y_E = \frac{3}{5}\left[3.000 + \frac{2.000}{3}\right] = \frac{11.000}{5} = 2.200$$

4. Sostituiamo $Y_E$ nella equazione della curva LM. Partendo da

$$i_E = \frac{0{,}5}{7.500} Y_E - \frac{1}{15}$$

da cui, sostituendo $Y_E$, si ottiene

$$i_E = \frac{0{,}5}{7.500} 2.200 - \frac{1}{15} = \frac{6}{75} = 0{,}08 = 8\%$$

5. Sostituiamo $Y_E$ ed $i_E$ nelle equazioni di consumo e investimento ed abbiamo

$$C_E = 400 + 0{,}5Y_E - 0{,}5T_0 = 400 + 0{,}5 \times 2.200 - 0{,}5 \times 200 = \\ = 1.400$$

$$I_E = 700 - 4.000 i_E + 0{,}1Y_E = 700 - 4.000 \times 0{,}08 + \\ + 0{,}1 \times 2.200 = 600$$

Si noti che sommando i valori delle componenti della domanda si ottiene il valore della produzione di equilibrio

$$C_E + I_E + G = 1.400 + 600 + 200 = 2.200 = Y_E$$

Tale risultato è sempre vero per la condizione di equilibrio del mercato dei beni.

## ➢ Esercizio 2

### *Effetti della politica fiscale*

Si assuma che un'economia si trovi nell'equilibrio determinato nell'Esercizio 1.

Si assuma, inoltre, che il Governo aumenti la spesa pubblica portandone il livello a 700.

a) Si determinino i nuovi livelli di equilibrio di reddito, tasso di interesse, consumi ed investimenti.

b) Si descrivano e si commentino gli effetti prodotti dalla manovra.

## Soluzione

La manovra attuata dal Governo comporta un aumento di G da 200 a 700. Poiché la variazione di G influenza l'equilibrio del mercato dei beni la curva IS si sposta verso destra.

Calcolando la nuova equazione di domanda aggregata si ottiene

$$Z = 400 + 0{,}5(Y - 200) + 700 + 0{,}1Y - 4.000i + 700 =$$
$$= 1.700 + 0{,}6Y - 4.000i$$

Imponendo la condizione di equilibrio mercato dei beni Y = Z abbiamo

$$Y = 1.700 + 0{,}6Y - 4.000i$$

da cui

$$Y = 4.250 - 10.000i$$

Poiché G non compare nell'equazione di equilibrio dei mercati finanziari la curva LM non si modifica. Essa è data dall'equazione

$$i = \frac{0{,}5}{7.500}Y - \frac{1}{15}$$

determinata nell'Esercizio 1.

Calcoliamo ora $Y_E$ sostituendo i dall'equazione della curva IS in quella della curva LM. Ciò implica

$$Y_E = 4.250 - 10.000\left[\frac{0{,}5}{7.500}Y_E - \frac{1}{15}\right]$$

da cui

$$Y_E = 2.950$$

Sostituendo $Y_E$ nella LM si ha

$$i_E = \frac{0{,}5}{7.500}2.950 - \frac{1}{15} = 0{,}13 = 13\%$$

Calcoliamo, infine, $C_E$ e $I_E$ che risultano pari a

$$C_E = 400 + 0,5 \times 2.950 - 0,5 \times 200 = 1.775$$

$$I_E = 700 - 4.000 \times 0,13 + 0,1 \times 2.950 = 475$$

Come nell'Esercizio 1 abbiamo

$$C_E + I_E + G = 1.775 + 475 + 700 = 2.950 = Y_E$$

Gli effetti dell'aumento di G sono riassunti nella tabella seguente.

**Tabella 1.** – *Gli effetti dell'aumento della spesa pubblica*

| G | $Y_E$ | $i_E$ | $C_E$ | $I_E$ |
|---|---|---|---|---|
| 200 | 2.200 | 8% | 1.400 | 600 |
| 700 | 2.950 | 13% | 1.775 | 475 |
| ↑ | ↑ | ↑ | ↑ | ↓ |

In primo luogo l'aumento della spesa pubblica genera un incremento del livello del prodotto (da 2.200 a 2.950) e del tasso di interesse (dall'8% al 13%), come mostrato nel diagramma della Figura 1. La manovra è di tipo espansivo.

L'aumento della produzione causa un incremento del reddito disponibile che stimola i consumi (il cui valore passa da 1.400 a 1.775). Abbiamo due effetti contrastanti sugli investimenti che tendono a crescere per l'espansione della produzione ed a ridursi per l'aumento del tasso di interesse. L'effetto netto è un decremento da 600 a 475.

**Figura 1.** – *Gli effetti della manovra sulla spesa pubblica su prodotto e tasso di interesse*

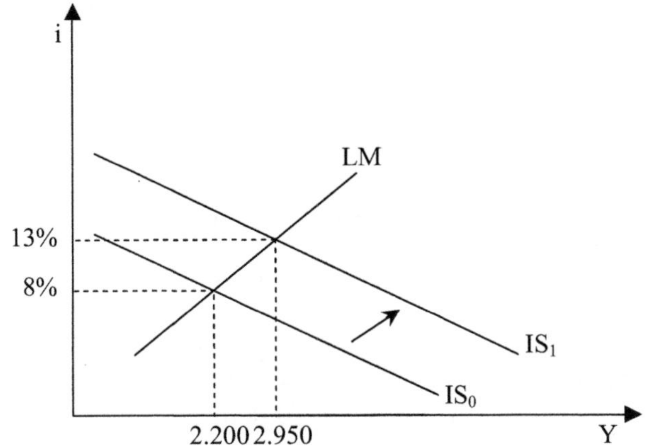


## ➢ Esercizio 3
### *Effetti della politica monetaria attuata tramite l'offerta di moneta*

Si assuma che un'economia si trovi nell'equilibrio determinato nell'Esercizio 1.

Si assuma, inoltre, che la Banca Centrale aumenti l'offerta di moneta portandone il livello a 1.000.

a) Si determinino i nuovi livelli di equilibrio di reddito, tasso di interesse, consumi ed investimenti.

b) Si descrivano e si commentino gli effetti prodotti dalla manovra.

### 🕮 Soluzione

La manovra attuata dalla Banca Centrale comporta un aumento di $\frac{M^s}{P}$ di 500. Poiché la variazione di $\frac{M^s}{P}$ influenza l'equilibrio dei mercati finanziari la curva LM si sposta verso destra. Calcolando la nuova curva LM si ottiene

$$1.000 = 0{,}5Y - 7.500i$$

da cui

$$i = \frac{0{,}5}{7.500}Y - \frac{1.000}{7.500} = \frac{0{,}5}{7.500}Y - \frac{2}{15}$$

Poiché $\frac{M^s}{P}$ non compare nell'equazione di equilibrio dei mercati finanziari la curva IS non si modifica. Essa è associata all'equazione

$$Y = 3.000 - 10.000i$$

calcolata nell'Esercizio 1.

Sostituendo i dalla equazione della curva LM in quella della curva IS abbiamo

$$Y_E = 3.000 - 10.000\left[\frac{0{,}5}{7.500}Y_E - \frac{2}{15}\right] = 2.600$$

Sostituendo $Y_E$ nella equazione della curva LM si ottiene

$$i_E = \frac{0{,}5}{7.500}2.600 - \frac{2}{15} = 0{,}04 = 4\%$$

Calcolando, infine, $C_E$ e $I_E$ abbiamo

$$C_E = 400 + 0{,}5Y_E - 0{,}5T_0 = 1.600$$

$$I_E = 700 - 4.000i_E + 0{,}1Y_E = 800$$

Anche in questo caso

$$C_E + I_E + G = 1.600 + 800 + 200 = 2.600 = Y_E$$

Gli effetti dell'aumento di $\frac{M^S}{P}$ sono riassunti nella Tabella 2.

**Tabella 2.** – *Gli effetti dell'aumento dell'offerta di moneta*

| $M^s/P$ | $Y_E$ | $i_E$ | $C_E$ | $I_E$ |
|---|---|---|---|---|
| 500 | 2.200 | 8% | 1.400 | 600 |
| 1.000 | 2.600 | 4% | 1.600 | 800 |
| ↑ | ↑ | ↓ | ↑ | ↑ |

In primo luogo l'aumento dell'offerta di moneta genera un incremento del livello del prodotto (da 2.200 a 2.600) ed una riduzione del tasso di interesse (dall'8% al 4%) come mostrato nel diagramma seguente. La manovra è di tipo espansivo. L'aumento della produzione causa un incremento del reddito disponibile che stimola i consumi (il cui valore passa da 1.400 a 1.600). La manovra genera due effetti sugli investimenti che tendono a crescere sia per l'espansione della produzione che per la riduzione del tasso di interesse (passando da 600 a 800).

**Figura 2.** – *Gli effetti della manovra sull'offerta di moneta su produzione e tasso di interesse*

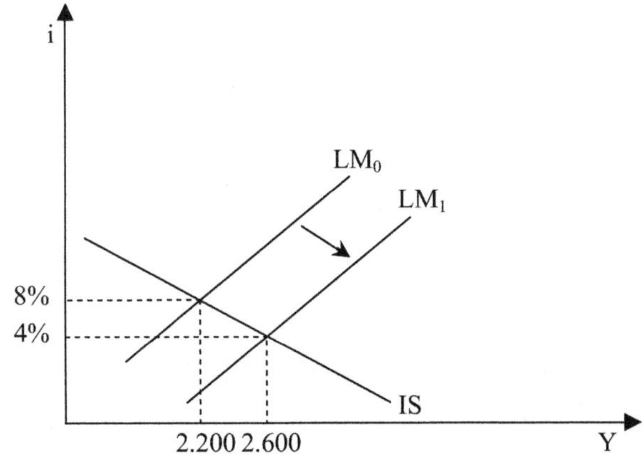

### ➢ Esercizio 4

***Riduzione del disavanzo senza causare una recessione (usando l'offerta di moneta come strumento di politica monetaria)***

Si consideri un'economia caratterizzata dalle seguenti equazioni

$C = 400 + 0{,}5Y^D$
$I = 700 - 4.000i + 0{,}1Y$
$G = 700$
$T = 200$
$M^D = 0{,}5Y - 7.500i$
$\frac{M^S}{P} = 500$

Si assuma che il Governo aumenti il livello della tassazione a 700 in modo da riportare in pareggio il bilancio pubblico. Quale variazione del livello dell'offerta di moneta deve essere effettuata per mantenere il reddito di equilibrio al livello precedente, dato il nuovo livello di tassazione?

### Soluzione

L'equilibrio (calcolato nell'Esercizio 2) è caratterizzato dai seguenti valori:

$$Y_E = 2.950$$

$$i_E = 13\%$$

Disavanzo = G – T = 700 – 200 = 500 (G = 700 T = 200)

Gli obiettivi della manovra esaminata sono:

1. G – T = 0 (tramite l'aumento di T).
2. $Y_{E'} = 2.950$.

Si noti che il problema qui esaminato appare differente rispetto a quelli studiati nei due esercizi precedenti. Negli Esercizi 2 e 3, infatti, si assume che le autorità di politica economica attuino una politica e si chiede di determinarne gli effetti. In questo esercizio, al contrario, si conoscono i valori obiettivo di produzione e disavanzo e si deve determinare quale politica debba essere attuata per ottenerli.

Negli esercizi precedenti, dunque, T, G, $M^S/P$ sono i dati del problema mentre Y e i sono le incognite. La risoluzione avviene mettendo a sistema le equazioni IS e LM nella forma f(Y, i) e g(Y, i). In questo caso, invece, sono noti i valori obiettivo di Y, T e G mentre le incognite sono $M^S/P$ e i. La risoluzione del problema viene, quindi, determinata calcolando i dall'equazione della curva IS (nella forma f(i) = 0) e $M^S/P$ dall'equazione della curva LM (nella forma $M^S/P = g(i)$).

Consideriamo la curva IS

$$Y = Z = C + I + G$$

Utilizzando le equazioni dell'esercizio abbiamo

$$Y = 400 + 0{,}5 \times (Y - T) + 700 + 0{,}1Y - 4.000i + G$$

Sostituendo i valori obiettivo di Y, G e T otteniamo

$$2.950 = 400 + 0{,}5 \times (2.950 - 700) + 700 + 0{,}1 \times 2.950 - 4.000i + 700$$

Risolvendo per i si ha

$$i = 0{,}0675 = 6{,}75\%$$

La curva LM è data da

$$\frac{M^S}{P} = 0{,}5Y - 7.500i$$

Sostituendo il valore obiettivo di Y ed il valore di i appena calcolato ottengo

$$\frac{M^S}{P} = 0{,}5 \times 2.950 - 7.500 \times 0{,}0675 = 968{,}75$$

Per ottenere G – T = 0 mantenendo $Y_E$ = 2.950 è necessario aumentare l'offerta di moneta da 500 a 968,75.

## ➢ Esercizio 5
### *Effetti della politica monetaria attuata tramite il tasso di interesse*

Una economia è caratterizzata dalle seguenti equazioni:

$C = 400 + 0{,}5Y^D$
$I = 700 - 4.000i + 0{,}1Y$
$G = 200$
$T = 200$
$i = 2{,}5i_r$
$i_r = 2\%$

a) Si determinino i valori di equilibrio di produzione e tasso di interesse.

b) Si determinino i valori di equilibrio di consumi ed investimenti.

Assumiamo che la Banca Centrale riduca il tasso di interesse di riferimento portandolo all'1%.

c) Si determinino i nuovi valori di equilibrio di produzione, consumi ed investimenti

## 🕮 Soluzione

La risoluzione dell'esercizio può essere ottenuta tramite i passi seguenti:

1. Determinare la curva IS imponendo Y = Z. Per comodità esprimiamo Y = f(i).
2. Determinare i sulla base della relazione $i = g(i_r)$.
3. Sostituire i nella IS e determinare Y di equilibrio.
4. Sostituire $Y_E$ ed $i_E$ nelle equazioni di consumo e investimento determinando $C_E$ e $I_E$.

1. La domanda aggregata è costituita dalla somma di consumi, investimenti e spesa pubblica

$$Z = C + I + G$$

Sostituendo le equazioni ed i valori di C, I, G e T otteniamo

$$Z = 400 + 0{,}5(Y - 200) + 700 + 0{,}1Y - 4.000i + 200 =$$
$$= 1.200 + 0{,}6Y - 4.000i$$

Imponendo la condizione di equilibrio mercato dei beni Y = Z otteniamo

$$Y = 1.200 + 0{,}6Y - 4.000i$$

Esprimendo Y in funzione di i (nella forma Y = f(i)) si ha

$$(1 - 0{,}6)\,Y = 1.200 - 4.000i$$

da cui

$$Y = \frac{1.200}{0{,}4} - \frac{4.000}{0{,}4}i = 3.000 - 10.000i$$

2. Calcolando i sulla base della relazione con $i_r$ abbiamo

$$i = 2{,}5i_r = 2{,}5 \times 0{,}02 = 0{,}05 = 5\%$$

3. Sostituendo i nella IS abbiamo

$$Y = 3.000 - 10.000 \times 0{,}05 = 2.500$$

4. Sostituendo $Y_E$ ed $i_E$ nelle equazioni di consumo e investimento otteniamo, infine,

$$C_E = 400 + 0{,}5Y_E - 0{,}5T_0 = 400 + 0{,}5 \times 2.500 - 0{,}5 \times 200 = 1.550$$

$$I_E = 700 - 4.000i_E + 0{,}1Y_E = 700 - 4.000 \times 0{,}05 + 0{,}1 \times 2.500 = 750$$

Si noti che come nei casi precedenti

$$C_E + I_E + G = 1.550 + 750 + 200 = 2.500 = Y_E$$

Assumiamo ora che la Banca Centrale riduca il tasso di interesse di riferimento portandolo all'1%.

Calcoliamo il nuovo valore di i, pari a

$$i = 2{,}5i_r = 2{,}5 \times 0{,}01 = 0{,}025 = 2{,}5\%$$

Sostituendo i nella IS si ottiene il nuovo valore di equilibrio di Y, pari a

$$Y_E = 3.000 - 10.000 \times 0{,}025 = 2.750$$

Sostituendo $Y_E$ ed $i_E$ nelle equazioni di consumo e investimento abbiamo, infine,

$$C_E = 400 + 0{,}5Y_E - 0{,}5T_0 = 400 + 0{,}5 \times 2.750 - 0{,}5 \times 200 = 1.675$$

$$I_E = 700 - 4.000i_E + 0{,}1Y_E = 700 - 4.000 \times 0{,}025 + \\ + 0{,}1 \times 2.750 = 875$$

Gli effetti dell'aumento di i sono riassunti nella Tabella 3.

**Tabella 3.** – *Gli effetti dell'aumento del tasso di interesse di riferimento*

| $i_r$ | $Y_E$ | $i_E$ | $C_E$ | $I_E$ |
|---|---|---|---|---|
| 2% | 2.500 | 5% | 1.550 | 750 |
| 1% | 2.750 | 2,5% | 1.675 | 875 |
| ↓ | ↑ | ↓ | ↑ | ↑ |

In primo luogo la riduzione del tasso di interesse di riferimento genera un incremento del livello del prodotto (da 2.500 a 2.750) come mostrato nel diagramma della Figura 3. La manovra è, quindi, di tipo espansivo.

L'aumento della produzione causa un incremento del reddito disponibile che stimola i consumi (il cui valore passa da 1.550 a 1.675). La manovra genera due effetti sugli investimenti che tendono a crescere sia per l'espansione della produzione che per la riduzione del tasso di interesse (passando da 750 a 875).

**Figura 3.** – *Gli effetti della manovra sul tasso di interesse di riferimento su produzione e tasso di interesse*

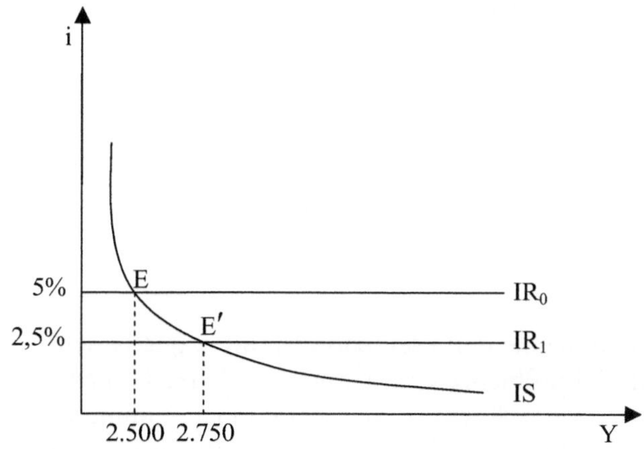


## ➢ Esercizio 6

***Riduzione del disavanzo senza causare una recessione (usando $i_r$)***

Consideriamo un'economia caratterizzata dalle seguenti equazioni:

$C = 400 + 0{,}5Y^D$

$I = 700 - 4.000i + 0{,}1Y$

$G = 700$

$T = 500$

$i = 2{,}5i_r$

$i_r = 2\%$

Si assuma che il Governo aumenti il livello della tassazione a 700 in modo da riportare in pareggio il bilancio pubblico. Quale variazione del livello dell'offerta di moneta deve essere effettuata per mantenere il reddito di equilibrio al livello precedente, dato il nuovo livello di tassazione?

## Soluzione

L'equilibrio (calcolato come nell'Esercizio 5) è caratterizzato dai seguenti valori:

$$Y_E = 3.375$$

$$i_E = 5\%$$

Disavanzo = G – T = 700 – 500 = 200 (G = 700 T = 500)

Gli obiettivi della manovra esaminata sono:

1) Disavanzo G – T = 0 (tramite l'aumento di T).
2) $Y_{E'} = 3.375$.

La risoluzione dell'esercizio è simile a quella dell'Esercizio 4. I dati del problema sono i valori di Y, T e G mentre le incognite sono i e $i_r$. Esse vengono determinate tramite l'equazione della curva IS (nella forma Y = f(i)) e l'equazione della curva LM (nella forma i = g($i_r$)).

Scriviamo la curva IS

$$Y = Z = C + I + G$$

Utilizzando le equazioni dell'esercizio abbiamo

$$Y = 500 + 0{,}5(Y - T) + 300 + 0{,}1Y - 5.000i + G$$

Sostituendo i valori obiettivo di Y, G e T otteniamo

$$3.375 = 500 + 0{,}5(3.375 - 700) + 300 + \\ + 0{,}1 \times 3.375 - 5.000i + 1.000$$

Risolvendo per i ottengo

$$i = 0{,}025 = 2{,}5\%$$

La relazione fra i tassi

$$i = 2{,}5i_r$$

implica che

$$i_r = \frac{2{,}5\%}{2{,}5} = 1\%$$

Per annullare il disavanzo senza ridurre il prodotto è necessario ridurre il tasso di interesse di riferimento portandolo dal 2% all'1%.

## ➢ ESERCIZIO 7

Una economia è caratterizzata dalle seguenti equazioni:

$C = 2.000 + 0{,}4Y^D$
$I = 1.900 + 0{,}1Y - 5.000i$
$G = 1.300$
$T = 500$
$M^S/P = 800$
$M^D = 0{,}2Y - 8.000i$

a) Si scrivano le equazioni delle curve IS e LM precisandone il significato economico.

b) Si determinino i valori di equilibrio di reddito e tasso di interesse.

c) Si determinino i valori di equilibrio di consumi ed investimenti.

Si assuma che la Banca Centrale riduca l'offerta di moneta portandone il livello a 720.

d) Si determini il nuovo livello del reddito di equilibrio e si descrivano e commentino gli effetti prodotti da una manovra di questo genere sui valori di equilibrio di reddito, tasso di interesse, consumi ed investimenti.

## Soluzione

a) $IS \rightarrow Y = C + I + G$

$$Y = 2.000 + 0{,}4(Y - 500) + 1.900 - 5.000i + 0{,}1Y + 1.300$$

L'equazione IS è la condizione di equilibrio del mercato dei beni.

$LM \rightarrow M_s/P = M_d$

$800 = 0{,}2Y - 8.000i$

L'equazione LM è la condizione di equilibrio dei mercati finanziari.

b) $Y_E = 8.800$

$i_E = 12\%$

c) $C_E = 5.320$

$I_E = 2.180$

d) $Y_E = 8.720$

## ➢ Esercizio 8

Una economia è caratterizzata dalle seguenti equazioni:

$C = 2.200 + 0{,}4Y^D$

$I = 2.400 + 0{,}1Y - 5.000i$

$G = 2.400$

$T = 1.000$

$M^S/P = 2.400$

$M^D = 0{,}6Y - 24.000i$

a) Si scrivano le equazioni delle curve IS e LM precisandone il significato economico.

b) Si determinino i valori di equilibrio di reddito e tasso di interesse.

c) Si determinino i valori di equilibrio di consumi ed investimenti.

Si assuma che la Banca Centrale aumenti l'offerta di moneta portandone il livello a 3.000.

d) Si determinino i nuovi livelli di equilibrio di reddito e tasso di interesse e si descrivano e commentino gli effetti prodotti da una manovra di questo genere sui valori di equilibrio di reddito, tasso di interesse, consumi ed investimenti.

## Soluzione

a) $IS \rightarrow Y = C + I + G$

$Y = 2.200 + 0{,}4(Y - 1.000) + 2.400 - 5.000i + 0{,}1Y + 2.400$

L'equazione IS è la condizione di equilibrio del mercato dei beni.

$LM \rightarrow M_s/P = M_d$

$2.400 = 0{,}6Y - 24.000i$

L'equazione LM è la condizione di equilibrio dei mercati finanziari.

b) $Y_E = 19.360$

$i_E = 43{,}4\%$

c) $C_E = 8.158$

$I_E = 6.702$

d) $Y_{E'} = 19.840$

$i_{E'} = 44{,}6\%$

### ➢ ESERCIZIO 9

Un sistema economico chiuso agli scambi con l'estero è caratterizzato dalle seguenti funzioni comportamentali macroeconomiche:

$C = 2.250 + 0{,}4Y^D$
$I = 1.200 + 0{,}1Y - 5.000i$
$G = T = 3.000$
$M^S/P = 150$
$M^D = 0{,}02Y - 1.000i$

a) Determinare i livelli di equilibrio macroeconomico del prodotto reale e del tasso dell'interesse.

b) Determinare i livelli di equilibrio macroeconomico dei consumi e degli investimenti privati.

Si supponga, ora, che una politica fiscale espansiva attuata dal Governo faccia aumentare G da 3.000 a 4.200.

c) Determinare nuovamente i livelli di equilibrio di reddito e tasso dell'interesse dopo questa operazione.

d) Determinare nuovamente i livelli di equilibrio dei consumi e degli investimenti privati e commentare i risultati.

## Soluzione

a) $Y_E = 10.000$
$i_E = 5\%$

b) $C_E = 5.050$
$I_E = 1.950$

c) $Y_{E'} = 12.000$
$i_{E'} = 9\%$

d) $C_{E'} = 5.850$
$I_{E'} = 1.950$

## ➢ Esercizio 10

Una economia è caratterizzata dalle seguenti equazioni:

$C = 1.000 + 0{,}4Y^D$
$I = 700 + 0{,}1Y - 5.000i$
$G = 1.000$
$T = 500$
$M^S/P = 400$
$M^D = 0{,}1Y - 4.000i$

a) Si scrivano le equazioni delle curve IS e LM precisandone il significato economico.

b) Si determinino i valori di equilibrio di reddito e tasso di interesse.

c) Si determinino i valori di equilibrio di consumi ed investimenti.

Si assuma che il Governo aumenti la spesa pubblica portandone il livello a 1.200.

d) Si determini il nuovo livello del reddito di equilibrio. Si descrivano e si commentino gli effetti prodotti da una manovra di questo genere sui valori di equilibrio di reddito, tasso di interesse, consumi ed investimenti.

## Soluzione

a) $IS \rightarrow Y = C + I + G$

$$Y = 1.000 + 0{,}4(Y - 500) + 700 - 5.000i + 0{,}1Y + 1.000$$

L'equazione IS è la condizione di equilibrio del mercato dei beni.

$$LM \rightarrow M^S/P = M^D$$

$$400 = 0{,}1Y - 4.000i$$

L'equazione LM è la condizione di equilibrio dei mercati finanziari.

b) $Y_E = 4.800$

$i_E = 2\%$

c) $C_E = 2.720$

$I_E = 1.080$

d) $Y_E = 5.120$

## ➢ Esercizio 11

Si consideri un'economia caratterizzata dalle seguenti equazioni:

$C = 700 + 0{,}5Y^D$
$I = -2.000i + 0{,}1Y$
$T = 1.000$
$G = 1.000$
$M^s/P = 450$
$M^D = 0{,}2Y - 1.000i$

a) Si determinino i valori di equilibrio di reddito, tasso di interesse, consumo ed investimento.

Si assuma ora che il Governo aumenti il livello della spesa pubblica *G* portandolo a 1.300.

b) Si determinino i nuovi valori di equilibrio delle grandezze citate in precedenza e si commentino gli effetti della manovra.

## Soluzione

a) $Y_E = 2.625$
$i_E = 7{,}5\%$
$C_E = 1.512{,}5$
$I_E = 112{,}5$

b) $Y_{E'} = 3.000$
$i_{E'} = 15\%$
$C_{E'} = 1.700$
$I_{E'} = 0$

## ➢ Esercizio 12

Si consideri un'economia caratterizzata dalle seguenti equazioni:

$C = 600 + 0{,}4Y^D$
$I = 650 - 5.000i + 0{,}1Y$
$T = 500$
$G = 700$
$M^S/P = 600$
$M^D = 0{,}2Y - 3.000i$

a) Si determinino i valori di equilibrio di reddito, tasso di interesse, consumo ed investimento.

Si assuma ora che il Governo riduca il livello della spesa pubblica *G* portandolo a 575.

b) Si determinino i nuovi valori di equilibrio delle grandezze citate in precedenza e si commentino gli effetti della manovra.

## Soluzione

a) $Y_E = 3.300$
$i_E = 2\%$
$C_E = 1.720$
$I_E = 880$

b) $Y_{E'} = 3.150$
$i_{E'} = 1\%$
$C_{E'} = 1.660$
$I_{E'} = 915$

## ➢ Esercizio 13

Una economia è caratterizzata dalle seguenti equazioni:

$C = 1.600 + 0{,}4Y^D$
$I = 1.400 + 0{,}1Y - 5.000i$
$G = 1.400$
$T = 500$

$M^S/P = 1.200$
$M^D = 0{,}3Y - 12.000i$

a) Si scrivano le equazioni delle curve IS e LM precisandone il significato economico.

b) Si determinino i valori di equilibrio di reddito e tasso di interesse.

c) Si determinino i valori di equilibrio di consumi ed investimenti.

Si assuma che il Governo aumenti le tasse portandone il livello a 1.000.

d) Si determini il nuovo livello del reddito di equilibrio e si descrivano e commentino gli effetti prodotti da una manovra di questo genere sui valori di equilibrio di reddito, tasso di interesse, consumi ed investimenti.

## Soluzione

a) $IS \rightarrow Y = C + I + G$

$$Y = 1.600 + 0{,}4(Y - 500) + 1.400 - 5.000i + 0{,}1Y + 1.400$$

L'equazione IS è la condizione di equilibrio del mercato dei beni.

$$LM \rightarrow M^S/P = M^D$$

$$1.200 = 0{,}3Y - 12.000i$$

L'equazione LM è la condizione di equilibrio dei mercati finanziari.

b) $Y_E = 7.520$

$i_E = 8{,}8\%$

c) $C_E = 4.408$

$I_E = 1.712$

d) $Y_E = 7.200$

## ➢ Esercizio 14

Si consideri un'economia caratterizzata dalle seguenti equazioni:

$C = 4.000 + 0,3Y^D$
$I = 5.000 - 5.000i + 0,2Y$
$T = 5.500$
$G = 4.500$
$M^S/P = 1.200$
$M^D = 0,6Y - 24.000i$

a) Si determinino i valori di equilibrio di reddito, tasso di interesse, consumo ed investimento.

Si assuma ora che il Governo riduca le tasse T portandone il livello a 4.500.

b) Si determinino i nuovi valori di equilibrio delle grandezze citate in precedenza e si commentino gli effetti della manovra.

## Soluzione

a) $Y_E = 19.360$
$i_E = 39,4\%$
$C_E = 8.278$
$I_E = 6.982$

b) $Y_{E'} = 20.240$
$i_{E'} = 40,6\%$
$C_{E'} = 8.722$
$I_{E'} = 7.018$

## ➢ Esercizio 15

Si consideri un'economia caratterizzata dalle seguenti equazioni:

$C = 650 + 0{,}4Y^D$
$I = 750 - 5.000i + 0{,}1Y$
$T = 500$
$G = 800$
$M^S/P = 600$
$M^D = 0{,}2Y - 3.000i$

a) Si determinino i valori di equilibrio di reddito, tasso di interesse, consumo ed investimento.

Si assuma ora che il Governo aumenti il livello della tassazione a 800 in modo da riportare in pareggio il bilancio pubblico.

b) Quale manovra sull'offerta di moneta deve essere attuata per mantenere il reddito di equilibrio al livello precedente, dato il nuovo livello di tassazione?

## Soluzione

a) $Y_E = 3.600$
$i_E = 4\%$
$C_E = 1.890$
$I_E = 910$

b) Il nuovo livello dell'offerta di moneta è $M^S/P = 672$.

## ➢ Esercizio 16

Si consideri un'economia caratterizzata dalle seguenti equazioni:

$C = 1.000 + 0{,}4Y^D$
$I = 1.000 - 5.000i + 0{,}1Y$
$T = 1.000$
$G = 1.200$
$M^S/P = 600$
$M^D = 0{,}2Y - 3.000i$

a) Si determinino i valori di equilibrio di reddito, tasso di interesse, consumo ed investimento.

Si assuma ora che il Governo riduca il livello della spesa pubblica a 1.000 in modo da riportare in pareggio il bilancio pubblico.

b) Quale manovra sull'offerta di moneta deve essere effettuata per mantenere il reddito di equilibrio al livello precedente, dato il nuovo livello di tassazione?

## Soluzione

a) $Y_E = 4.560$

$i_E = 10,4\%$

$C_E = 2.424$

$I_E = 936$

b) Il nuovo livello dell'offerta di moneta è $M^S/P = 720$.

## ➢ Esercizio 17

Si consideri un'economia caratterizzata dalle seguenti equazioni:

$C = 4.000 + 0,3Y^D$
$I = 5.000 - 5.000i + 0,2Y$
$T = 5.500$
$G = 4.500$
$i = 2i_r$
$i_r = 0,5\%$

a) Si determinino i valori di equilibrio di reddito, tasso di interesse, consumo ed investimento.

Si assuma ora che la Banca Centrale aumenti il livello del tasso di interesse di riferimento portandolo all'1,5%.

b) Si determinino i nuovi valori di equilibrio delle grandezze citate in precedenza e si commentino gli effetti della manovra.

## Soluzione

a) $Y_E = 23.600$
$i_E = 1\%$
$C_E = 9.430$
$I_E = 9.670$

b) $Y_{E'} = 23.400$
$i_{E'} = 3\%$
$C_{E'} = 9.370$
$I_{E'} = 9.530$

## ➢ ESERCIZIO 18

Si consideri un'economia caratterizzata dalle seguenti equazioni:

$C = 1.000 + 0{,}4Y^D$
$I = 1.000 - 5.000i + 0{,}1Y$
$T = 1.000$
$G = 1.200$
$i = 3i_r$
$i_r = 1{,}5\%$

a) Si determinino i valori di equilibrio di reddito, tasso di interesse, consumo ed investimento.

Si assuma ora che la Banca Centrale riduca il livello del tasso di interesse di riferimento portandolo allo 0,5%.

b) Si determinino i nuovi valori di equilibrio delle grandezze citate in precedenza e si commentino gli effetti della manovra.

## Soluzione

a) $Y_E = 5.150$
$i_E = 4{,}5\%$

$C_E = 2.660$

$I_E = 1.290$

b) $Y_{E'} = 5.450$

$i_{E'} = 1{,}5\%$

$C_{E'} = 2.780$

$I_{E'} = 1.470$

## ➢ ESERCIZIO 19

Si consideri un'economia caratterizzata dalle seguenti equazioni:

$C = 2.000 + 0{,}4Y^D$

$I = 2.500 - 5.000i + 0{,}1Y$

$T = 2.000$

$G = 2.000$

$i = 2i_r$

$i_r = 2\%$

a) Si determinino i valori di equilibrio di reddito, tasso di interesse, consumo ed investimento.

Si assuma ora che la Banca Centrale riduca il livello del tasso di interesse di riferimento portandolo all'1%.

b) Si determinino i nuovi valori di equilibrio delle grandezze citate in precedenza e si commentino gli effetti della manovra.

## Soluzione

a) $Y_E = 11.000$

$i_E = 4\%$

$C_E = 5.600$

$I_E = 3.400$

b) $Y_{E'} = 11.200$

$i_{E'} = 2\%$

$C_{E'} = 5.680$

$I_{E'} = 3.520$

## ➢ ESERCIZIO 20

Si consideri un'economia caratterizzata dalle seguenti equazioni:

$C = 1.000 + 0,4Y^D$
$I = 1.000 - 5.000i + 0,1Y$
$T = 600$
$G = 1.000$
$i = 1,8i_r$
$i_r = 2\%$

a) Si determinino i valori di equilibrio di reddito, tasso di interesse, consumo ed investimento.

Si assuma ora che il Governo aumenti le tasse portandole a 1.000 in modo da riportare in pareggio il bilancio pubblico.

b) Quale manovra sul tasso di interesse di riferimento deve essere effettuata per mantenere il reddito di equilibrio al livello precedente, dato il nuovo livello di tassazione?

## 🕮 Soluzione

a) $Y_E = 5.160$

$i_E = 3,6\%$

$C_E = 2.824$

$I_E = 1.336$

b) Il nuovo livello del tasso di interesse di riferimento è 0,22%.

## ➢ ESERCIZIO 21

Si consideri un'economia caratterizzata dalle seguenti equazioni:

$C = 2.500 + 0{,}4Y^D$
$I = 3.000 - 5.000i + 0{,}1Y$
$T = 2.500$
$G = 2.650$
$i = 2i_r$
$i_r = 2\%$

a) Si determinino i valori di equilibrio di reddito, tasso di interesse, consumo ed investimento.

Si assuma ora che il Governo riduca la spesa pubblica a 2.500 in modo da riportare in pareggio il bilancio pubblico.

b) Quale manovra sul tasso di interesse di riferimento deve essere effettuata per mantenere il reddito di equilibrio al livello precedente, dato il nuovo livello della spesa pubblica?

## Soluzione

a) $Y_E = 13.900$
$i_E = 4\%$
$C_E = 7.060$
$I_E = 4.190$

b) Il nuovo livello del tasso di interesse di riferimento è 0,5%.

## ➢ ESERCIZIO 22

Una economia è caratterizzata dalle seguenti equazioni:

$C = 1.000 + 0{,}4Y^D$
$I = 600 + 0{,}1Y - 5.000i$

$G = 1.200$
$T = 1.000$
$M^S/P = 400$
$M^D = 0,1Y - 4.000i$

a) Si determinino i valori di equilibrio di reddito, tasso di interesse, consumo ed investimento.

Si assuma che il Governo riduca la spesa pubblica portandone il livello a 1.000.

b) Si determini il nuovo livello del reddito di equilibrio e si descrivano e commentino gli effetti prodotti da una manovra di questo genere sui valori di equilibrio di reddito, tasso di interesse, consumi ed investimenti.

## Soluzione

a) $Y_E = 4.640$
$i_E = 1,6\%$
$C_E = 2.456$
$I_E = 984$

b) $Y_{E'} = 4.320$

## ➢ Esercizio 23

Una economia è caratterizzata dalle seguenti equazioni:

$C = 1.200 + 0,4Y^D$
$I = 800 + 0,1Y - 5.000i$
$G = 1.000$
$T = 1.000$
$M^S/P = 1600$
$M^D = 0,4Y - 16.000i$

a) Si determinino i valori di equilibrio di reddito, tasso di interesse, consumo ed investimento.

Si assuma che la Banca Centrale riduca l'offerta di moneta portandone il livello a 1.200.

b) Si determini il nuovo livello del reddito di equilibrio e si descrivano e commentino gli effetti prodotti da una manovra di questo genere sui valori di equilibrio di reddito, tasso di interesse, consumi ed investimenti.

## Soluzione

a) $Y_E = 4.960$

$i_E = 2{,}4\%$

$C_E = 2.784$

$I_E = 1.176$

b) $Y_{E'} = 4.760$

## ➤ Esercizio 24

Si consideri un'economia caratterizzata dalle seguenti equazioni:

$$C = 1.500 + 0{,}3Y^D$$
$$I = 2.000 - 3.000i + 0{,}2Y$$
$$T = 2.000$$
$$G = 2.000$$
$$i = 2i_r$$
$$i_r = 1\%$$

a) Si determinino i valori di equilibrio di reddito, tasso di interesse, consumo ed investimento.

Si assuma ora che la Banca Centrale aumenti il livello del tasso di interesse di riferimento portandolo all'1,25%.

b) Si determinino i nuovi valori di equilibrio delle grandezze citate in precedenza e si commentino gli effetti della manovra.

## Soluzione

a) $Y_E = 9.680$
$i_E = 2\%$
$C_E = 3.804$
$I_E = 3.876$

b) $Y_{E'} = 9.650$
$i_{E'} = 2,5\%$
$C_{E'} = 3.795$
$I_{E'} = 3.855$

## ➢ ESERCIZIO 25

Si consideri un'economia caratterizzata dalle seguenti equazioni:

$C = 2.000 + 0,4Y^D$
$I = 2.000 - 5.000i + 0,1Y$
$T = 2.000$
$G = 2.200$
$M^S/P = 1600$
$M^D = 0,4Y - 16.000i$

a) Si determinino i valori di equilibrio di reddito, tasso di interesse, consumo ed investimento.

Si assuma ora che il Governo aumenti le tasse portandole a 2.200 in modo da riportare in pareggio il bilancio pubblico.

b) Quale manovra sull'offerta di moneta deve essere effettuata per mantenere il reddito di equilibrio al livello precedente, dato il nuovo livello di tassazione?

## Soluzione

a) $Y_E = 9.440$

$i_E = 13{,}6\%$

$C_E = 4.976$

$I_E = 2.264$

b) Il nuovo livello dell'offerta di moneta è $M^S/P = 1.856$.

## ➢ Esercizio 26

Si consideri un'economia caratterizzata dalle seguenti equazioni:

$C = 2.000 + 0{,}4Y^D$
$I = 2.000 - 5.000i + 0{,}1Y$
$T = 2.700$
$G = 2.800$
$i = 2i_r$
$i_r = 2{,}5\%$

a) Si determinino i valori di equilibrio di reddito, tasso di interesse, consumo ed investimento.

Si assuma ora che il Governo riduca la spesa pubblica portandola a 2.700 in modo da riportare in pareggio il bilancio pubblico.

b) Quale manovra sul tasso di interesse di riferimento deve essere effettuata per mantenere il reddito di equilibrio al livello precedente, dato il nuovo livello di tassazione?

## 🕮 Soluzione

a) $Y_E = 10.940$

$i_E = 5\%$

$C_E = 5.296$

$I_E = 2.844$

b) Il nuovo livello del tasso di interesse di riferimento è l'1,5%.

## 2. *Disinflazione e riduzione della disoccupazione*

### ➤ Esercizio 27

Si consideri una economia caratterizzata dalla seguente curva di Phillips:

$$\pi_t = \pi_{t-1} + 0{,}18 - 3u_t$$

e si assuma che al tempo t – 1 l'inflazione sia al 4%.

a) Si determini il livello della disoccupazione naturale $u_n$.

b) Si assuma che le autorità di politica economica vogliano portare l'inflazione a 0 e decidano di ridurre l'inflazione di quattro punti percentuali al tempo t. Si descrivano gli effetti di tale decisione sulla disoccupazione in t, t + 1 e t + 2.

c) Si assuma che le autorità di politica economica vogliano portare l'inflazione a 0 e decidano di ridurre l'inflazione di due punti percentuali al tempo t e di due punti percentuali al tempo t + 1. Si descrivano gli effetti di tale decisione sulla disoccupazione in t, t + 1 e t + 2.

d) Si confrontino le conseguenze delle due manovre specificandone vantaggi e svantaggi alternativi.

e) Si assuma ora che, data la situazione iniziale ($u_{t-1} = u_n$ e $\pi_{t-1} = 4\%$) le autorità di politica economica vogliano portare al tempo t la disoccupazione al 5% e mantenerla costante a quel livello. Si descrivano gli effetti sull'inflazione di tale decisione in t, t + 1 e t + 2.

### Soluzione

a) Il valore del tasso di disoccupazione naturale è facilmente calcolabile dalla Curva di Phillips, ricordando che si assume usualmente che la disoccupazione sia pari alla disoccupazione naturale quando le aspettative degli agenti sul livello dei prezzi, e quindi sul tasso di inflazione sono corrette.

Per determinare il livello di $u_n$ è dunque sufficiente assumere $\pi_t = \pi^E = \pi_{t-1}$ e sostituire questa ipotesi nella equazione della Curva di Phillips proposta nell'esercizio. Ciò implica:

$$0 = 0{,}18 - 3u_n$$

da cui

$$u_n = \frac{0{,}18}{3} = 0{,}06 = 6\%$$

Il tasso di disoccupazione naturale dell'economia è quindi pari al 6%.

b) La manovra esamina gli effetti di una riduzione dell'inflazione ottenuta tramite la strategia della doccia fredda. La risoluzione dell'esercizio può essere attuata utilizzando i passi seguenti:

1) Si calcola il valore dell'inflazione al tempo t utilizzando i dati relativi al tempo t – 1 e quelli relativi alla manovra attuata.

2) Si ripete il calcolo per i periodi successivi utilizzando in ciascun periodo il valore dell'inflazione del periodo precedente e i dati relativi alla manovra.

Iniziamo la risoluzione dal tempo t. La Curva di Phillips che descrive l'economia in questo periodo è data da:

$$\pi_t = \pi_{t-1} + 0{,}18 - 3u_t$$

I dati del problema ci dicono che:

$$\pi_{t-1} = 4\% = 0{,}04$$

$$\pi_t = 0$$

Il primo dato deriva dalla descrizione dell'economia in t – 1; il secondo dalle caratteristiche della manovra attuata.

Sostituendo i due valori nella Curva di Phillips otteniamo

$$0{,}04 = 0 + 0{,}18 - 3u_t$$

da cui

$$u_t = \frac{0{,}22}{3} = 0{,}0733 = 7{,}33\%$$

La disoccupazione al tempo t sale dal 6% (valore in t – 1) al 7,33%.

Procediamo ora con il calcolo della disoccupazione in t + 1. La Curva di Phillips che descrive l'economia in questo periodo è data da:

$$\pi_{t+1} = \pi_t + 0{,}18 - 3u_{t+1}$$

I dati del problema ci dicono che:

$$\pi_t = 0$$
$$\pi_{t+1} = 0$$

Entrambi i dati derivano dalle informazioni fornite nel testo sulla politica attuata, per cui la riduzione dell'inflazione si concentra nel solo periodo t.

Sostituendo i due valori nella Curva di Phillips otteniamo

$$0 = 0 + 0{,}18 - 3u_t$$

da cui

$$u_t = \frac{0{,}18}{3} = 0{,}06 = 6\%$$

La disoccupazione al tempo t + 1 scende dal 7,33% (valore al tempo t) al 6%. Il dato coincide con la disoccupazione naturale poiché, per l'assenza di nuovi interventi sull'inflazione, il tasso di inflazione atteso coincide in t + 1 con l'inflazione effettiva.

Calcoli analoghi possono essere effettuati per il periodo t + 2, dove, poiché $\pi_{t+1} = \pi_{t+2} = 0$, la disoccupazione si mantiene stabile al tasso naturale del 6%.

c) La manovra esamina gli effetti di una riduzione dell'inflazione ottenuta tramite la strategia della gradualità. La risoluzione dell'esercizio può essere attuata utilizzando i passi descritti al punto b).

Iniziamo la risoluzione dal tempo t. La Curva di Phillips che descrive l'economia in questo periodo è data da:

$$\pi_t = \pi_{t-1} + 0{,}18 - 3u_t$$

I dati del problema ci dicono che:

$$\pi_{t-1} = 4\% = 0{,}04$$

$$\pi_t = 2\% = 0{,}02$$

Anche in questo caso, il primo dato deriva dalla descrizione dell'economia in t – 1 mentre il secondo dalle caratteristiche della manovra attuata.

Sostituendo i due valori nella Curva di Phillips otteniamo

$$0{,}02 = 0{,}04 + 0{,}18 - 3u_t$$

da cui

$$u_t = \frac{0{,}20}{3} = 0{,}0666 = 6{,}66\%$$

La disoccupazione al tempo t sale dal 6% (valore in t – 1) al 6,66%.

Procediamo ora con il calcolo della disoccupazione in t + 1. La Curva di Phillips che descrive l'economia in questo periodo è data da:

$$\pi_{t+1} = \pi_t + 0{,}18 - 3u_{t+1}$$

I dati del problema ci dicono che:

$$\pi_t = 2\% = 0{,}02$$
$$\pi_{t+1} = 0$$

Entrambi i dati derivano dalle informazioni fornite nel testo sulla politica attuata, che stabilisce che la riduzione dell'inflazione prosegue al tempo t + 1.

Sostituendo i due valori nella Curva di Phillips otteniamo

$$0 = 0{,}02 + 0{,}18 - 3u_{t+1}$$

da cui

$$u_{t+1} = \frac{0{,}20}{3} = 0{,}0666 = 6{,}66\%$$

La disoccupazione al tempo t + 1 rimane al 6,66%, valore uguale a quello registrato al tempo t.

Si noti che il valore della disoccupazione in t e t + 1 è il medesimo perché la manovra è caratterizzata da una riduzione dell'inflazione esattamente suddivisa fra i due periodi. Se la riduzione avviene in più periodi ma con una distribuzione non eguale del calo (come in alcuni degli esercizi proposti nel prosieguo del capitolo) il dato della disoccupazione può modificarsi durante i periodi di attuazione della manovra graduale. Esso sarà comunque sempre superiore alla disoccupazione naturale fino al termine della manovra.

Consideriamo ora il tempo t + 2. La curva di Phillips che descrive l'economia in tale periodo è

$$\pi_{t+2} = \pi_{t+1} + 0{,}18 - 3u_{t+2}$$

I dati del problema ci dicono che:

$$\pi_{t+1} = 0$$
$$\pi_{t+2} = 0$$

poiché la manovra di riduzione dell'inflazione è terminata al tempo t + 1.

Sostituendo i dati nell'equazione della Curva di Phillips otteniamo:

$$0 = 0 + 0{,}18 - 3u_{t+2}$$

da cui

$$u_{t+2} = \frac{0{,}18}{3} = 0{,}06 = 6\%$$

La disoccupazione al tempo t + 2 scende dal 6,66% (valore al tempo t e al tempo t + 1) al 6%, valore pari alla disoccupazione naturale.

d) Il confronto fra le due manovre studiate ai punti b) e c) dell'esercizio evidenzia come esse presentino vantaggi alternativi. Entrambe le strategie ottengono gli stessi risultati finali in termini di inflazione e disoccupazione. Il percorso per raggiungere tali risultati è però differente. La strategia della doccia fredda determina un incremento della disoccupazione al 7,33%

per un periodo mentre la strategia della gradualità determina un incremento della disoccupazione al 6,66% per due periodi, come mostrato anche dalla Figura 4. La prima manovra richiede quindi un costo più elevato in termini di disoccupazione ma per un periodo più ridotto, mentre la seconda richiede un costo più modesto ma più prolungato nel tempo.

**Figura 4.** – *Gli effetti sulla disoccupazione delle due manovre alternative di disinflazione*

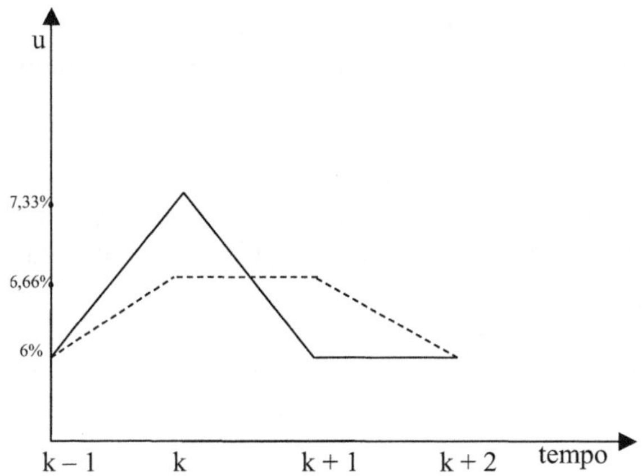


Non esiste quindi una manovra da preferire a priori e la scelta fra le due strategie dipende dagli obiettivi e dalle valutazioni delle autorità di politica economica.

e) La manovra riduce al tempo t la disoccupazione dal 6% al 5%, al di sotto della disoccupazione naturale e la mantiene in modo permanente a tale livello. Per risolvere l'esercizio procediamo come ai punti b) e c) utilizzando per ciascun periodo la relativa curva di Phillips e i valori delle grandezze contenute nei dati dell'esercizio o determinate dai calcoli relativi ai periodi precedenti.

Iniziamo la risoluzione dal tempo t. La Curva di Phillips che descrive l'economia in questo periodo è data da:

$$\pi_t = \pi_{t-1} + 0{,}18 - 3u_t$$

I dati del problema ci dicono che:

$$\pi_{t-1} = 4\% = 0{,}04$$
$$u_t = 5\% = 0{,}05$$

Il primo dato deriva dalla descrizione dell'economia in t – 1; il secondo dalle caratteristiche della manovra attuata.

Sostituendo i due valori nella Curva di Phillips otteniamo

$$\pi_t = 0{,}04 + 0{,}18 - 3 \times 0{,}05 = 7\%$$

L'inflazione al tempo t sale dal 4% (valore in t – 1) al 7%.

Consideriamo ora il tempo t + 1. In tale periodo la Curva di Phillips che descrive l'economia in questo periodo è data da:

$$\pi_{t+1} = \pi_t + 0{,}18 - 3u_{t+1}$$

Dai risultati precedenti e dai dati del problema sappiamo che

$$\pi_t = 7\% = 0{,}07$$
$$u_{t+1} = 5\% = 0{,}05$$

Sostituendo i due valori nella Curva di Phillips otteniamo

$$\pi_{t+1} = 0{,}07 + 0{,}18 - 3 \times 0{,}05 = 10\%$$

Procedendo allo stesso modo in t + 2, ricordiamo che

$$\pi_{t+2} = \pi_{t+1} + 0{,}18 - 3u_{t+2}$$

e che

$$\pi_{t+1} = 10\% = 0{,}07$$
$$u_{t+2} = 5\% = 0{,}05$$

Sostituendo i valori nella Curva di Phillips otteniamo

$$\pi_{t+2} = 0{,}1 + 0{,}18 - 3 \times 0{,}05 = 13\%$$

Il confronto dei risultati ottenuti evidenzia come la manovra determini un incremento dell'inflazione dal 4% del tempo t – 1 al 7% in t, al 10% in t + 1 e al 13% in t + 2. Mantenere la disoccupazione al 5%, al di sotto della disoccupazione naturale, determina dunque una crescita dell'inflazione del 3% a periodo, come mostrato anche graficamente dal diagramma seguente.

**Figura 5.** – *Gli effetti sulla disoccupazione di diverse manovre di disinflazione*

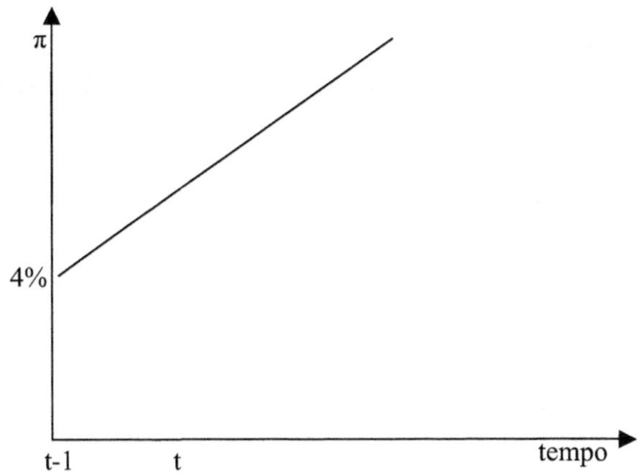


## ➢ Esercizio 28

Si consideri una economia caratterizzata dalla seguente curva di Phillips:

$$\pi_t = \pi_{t-1} + 0{,}12 - 3u_t$$

e si assuma che al tempo t – 1 l'inflazione sia al 6%.

a) Si determini il livello della disoccupazione naturale $u_n$.

b) Si assuma che le autorità di politica economica vogliano portare l'inflazione al 2% e decidano di ridurre l'inflazione di quattro punti percentuali al tempo t. Si descrivano gli effetti di tale decisione sulla disoccupazione in t, t + 1 e t + 2.

c) Si assuma che le autorità di politica economica vogliano portare l'inflazione al 2% e decidano di ridurre l'inflazione di due punti percentuali al tempo t e di due punti percentuali al tempo t + 1. Si descrivano gli effetti di tale decisione sulla disoccupazione in t, t + 1 e t + 2.

d) Si confrontino le conseguenze delle due manovre specificandone vantaggi e svantaggi alternativi.

e) Si assuma ora che, data la situazione iniziale ($u_{t-1} = u_n$ e $\pi_{t-1} = 6\%$) le autorità di politica economica vogliano portare al tempo t la disoccupazione al 3,5% e mantenerla costante a quel livello. Si descrivano gli effetti sull'inflazione di tale decisione in t, t + 1 e t + 2.

## Soluzione

a) $u_n = 4\%$

b) $u_t = 5{,}33\%$

$u_{t+1} = 4\%$

$u_{t+2} = 4\%$

c) $u_t = 4{,}66\%$

$u_{t+1} = 4{,}66\%$

$u_{t+2} = 4\%$

e) $\pi_t = 7{,}5\%$

$\pi_{t+1} = 9\%$

$\pi_{t+2} = 10{,}5\%$

## ➢ Esercizio 29

Si consideri una economia caratterizzata dalla seguente curva di Phillips:

$$\pi_t = \pi_{t-1} + 0,15 - 3u_t$$

e si assuma che al tempo t – 1 l'inflazione sia al 5%.

a) Si determini il livello della disoccupazione naturale $u_n$.

b) Si assuma che le autorità di politica economica vogliano portare l'inflazione a 0 e decidano di ridurre l'inflazione di cinque punti percentuali al tempo t. Si descrivano gli effetti di tale decisione sulla disoccupazione in t, t + 1 e t + 2.

c) Si assuma che le autorità di politica economica vogliano portare l'inflazione a 0 e decidano di ridurre l'inflazione di tre punti percentuali al tempo t e di due punti percentuali al tempo t + 1. Si descrivano gli effetti di tale decisione sulla disoccupazione in t, t + 1 e t + 2.

d) Si confrontino le conseguenze delle due manovre specificandone vantaggi e svantaggi alternativi.

e) Si assuma ora che, data la situazione iniziale ($u_{t-1} = u_n$ e $\pi_{t-1} = 5\%$) le autorità di politica economica vogliano portare al tempo t la disoccupazione al 4% e mantenerla costante a quel livello. Si descrivano gli effetti sull'inflazione di tale decisione in t, t + 1 e t + 2.

## 🕮 Soluzione

a) $u_n = 5\%$,

b) $u_t = 6,66\%$

$u_{t+1} = 5\%$

$u_{t+2} = 5\%$

c) $u_t = 6\%$

$u_{t+1} = 5,66\%$

$u_{t+2} = 5\%$

e) $\pi_t = 8\%$

$\pi_{t+1} = 11\%$

$\pi_{t+2} = 14\%$

## ➢ ESERCIZIO 30

Si consideri una economia caratterizzata dalla seguente curva di Phillips:

$$\pi_t = \pi_{t-1} + 0{,}18 - 3u_t$$

e si assuma che al tempo t – 1 l'inflazione sia al 3%.

a) Si determini il livello della disoccupazione naturale $u_n$.

b) Si assuma che le autorità di politica economica vogliano portare l'inflazione a 0 e decidano di ridurre l'inflazione di tre punti percentuali al tempo t. Si descrivano gli effetti di tale decisione sulla disoccupazione in t, t + 1 e t + 2.

c) Si assuma che le autorità di politica economica vogliano portare l'inflazione a 0 e decidano di ridurre l'inflazione di due punti percentuali al tempo t e di un punto percentuale al tempo t + 1. Si descrivano gli effetti di tale decisione sulla disoccupazione in t, t + 1 e t + 2.

d) Si confrontino le conseguenze delle due manovre specificandone vantaggi e svantaggi alternativi.

e) Si assuma ora che, data la situazione iniziale ($u_{t-1} = u_n$ e $\pi_{t-1} = 3\%$) le autorità di politica economica vogliano portare al tempo t la disoccupazione al 5% e mantenerla costante a quel livello. Si descrivano gli effetti sull'inflazione di tale decisione in t, t + 1 e t + 2.

### 🕮 Soluzione

a) $u_n = 6\%$

b) $u_t = 7\%$

$u_{t+1} = 6\%$

$u_{t+2}=6\%$

c) $u_t=6{,}66\%$

$u_{t+1} = 6{,}33\%$

$u_{t+2} = 6\%$

e) $\pi_t = 6\%$

$\pi_{t+1} = 9\%$

$\pi_{t+2} = 12\%$

## ➢ ESERCIZIO 31

Si consideri una economia caratterizzata dalla seguente curva di Phillips:

$$\pi_t = \pi_{t-1} + 0{,}21 - 3u_t$$

e si assuma che al tempo t – 1 l'inflazione sia all'8%.

a) Si determini il livello della disoccupazione naturale $u_n$.

b) Si assuma che le autorità di politica economica vogliano portare l'inflazione al 2% e decidano di ridurre l'inflazione di sei punti percentuali al tempo t. Si descrivano gli effetti di tale decisione sulla disoccupazione in t, t + 1 e t + 2.

c) Si assuma che le autorità di politica economica vogliano portare l'inflazione al 2% e decidano di ridurre l'inflazione di quattro punti percentuali al tempo t e di due punti percentuali al tempo t + 1. Si descrivano gli effetti di tale decisione sulla disoccupazione in t, t + 1 e t + 2.

d) Si confrontino le conseguenze delle due manovre specificandone vantaggi e svantaggi alternativi.

e) Si assuma ora che, data la situazione iniziale ($u_{t-1} = u_n$ e $\pi_{t-1} = 8\%$) le autorità di politica economica vogliano portare al tempo t la disoccupazione al 5% e mantenerla costante a quel livello. Si descrivano gli effetti sull'inflazione di tale decisione in t, t + 1 e t + 2.

## 🕮 Soluzione

a) $u_n = 7\%$

b) $u_t = 9\%$

$u_{t+1} = 7\%$

$u_{t+2} = 7\%$

c) $u_t = 8{,}33\%$

$u_{t+1} = 7{,}66\%$

$u_{t+2} = 7\%$

e) $\pi_t = 14\%$

$\pi_{t+1} = 20\%$

$\pi_{t+2} = 26\%$

## ➢ Esercizio 32

Si consideri una economia caratterizzata dalla seguente curva di Phillips:

$$\pi_t = \pi_{t-1} + 0{,}06 - 2u_t$$

e si assuma che al tempo t – 1 l'inflazione sia al 15%.

a) Si determini il livello della disoccupazione naturale $u_n$.

b) Si assuma che le autorità di politica economica vogliano portare l'inflazione al 5% e decidano di ridurre l'inflazione di dieci punti percentuali al tempo t. Si descrivano gli effetti di tale decisione sulla disoccupazione in t, t + 1 e t + 2.

c) Si assuma che le autorità di politica economica vogliano portare l'inflazione al 5% e decidano di ridurre l'inflazione di cinque punti percentuali al tempo t e di cinque punti percentuali al tempo t + 1. Si descrivano gli effetti di tale decisione sulla disoccupazione in t, t + 1 e t + 2.

d) Si confrontino le conseguenze delle due manovre specificandone vantaggi e svantaggi alternativi.

e) Si assuma ora che, data la situazione iniziale ($u_{t-1} = u_n$ e $\pi_{t-1} = 15\%$) le autorità di politica economica vogliano portare al tempo t la disoccupazione al 2% e mantenerla costante a quel livello. Si descrivano gli effetti sull'inflazione di tale decisione in t, t + 1 e t + 2.

## Soluzione

a) $u_n = 3\%$

b) $u_t = 8\%$

$u_{t+1} = 3\%$

$u_{t+2} = 3\%$

c) $u_t = 5{,}5\%$

$u_{t+1} = 5{,}5\%$

$u_{t+2} = 3\%$

e) $\pi_t = 17\%$

$\pi_{t+1} = 19\%$

$\pi_{t+2} = 21\%$

## ➢ ESERCIZIO 33

Si consideri una economia caratterizzata dalla seguente curva di Phillips:

$$\pi_t = \pi_{t-1} + 0{,}20 - 4u_t$$

e si assuma che al tempo t – 1 l'inflazione sia al 12%.

a) Si determini il livello della disoccupazione naturale $u_n$.

b) Si assuma che le autorità di politica economica vogliano portare l'inflazione al 2% e decidano di ridurre l'inflazione di dieci punti percentuali al tempo t. Si descrivano gli effetti di tale decisione sulla disoccupazione in t, t + 1 e t + 2.

c) Si assuma che le autorità di politica economica vogliano portare l'inflazione al 2% e decidano di ridurre l'inflazione di sei punti percentuali al tempo t e di quattro punti percentuali al tempo t + 1. Si descrivano gli effetti di tale decisione sulla disoccupazione in t, t + 1 e t + 2.

d) Si confrontino le conseguenze delle due manovre specificandone vantaggi e svantaggi alternativi.

e) Si assuma ora che, data la situazione iniziale ($u_{t-1} = u_n$ e $\pi_{t-1} = 12\%$) le autorità di politica economica vogliano portare al tempo t la disoccupazione al 4% e mantenerla costante a quel livello. Si descrivano gli effetti sull'inflazione di tale decisione in t, t + 1 e t + 2.

## Soluzione

a) $u_n = 5\%$

b) $u_t = 7,5\%$

$u_{t+1} = 5\%$

$u_{t+2} = 5\%$

c) $u_t = 6,5\%$

$u_{t+1} = 6\%$

$u_{t+2} = 5\%$

e) $\pi_t = 16\%$

$\pi_{t+1} = 20\%$

$\pi_{t+2} = 24\%$

## ➢ Esercizio 34

Si consideri una economia caratterizzata dalla seguente curva di Phillips:

$$\pi_t = \pi_{t-1} + 0,10 - 2u_t$$

e si assuma che al tempo t – 1 l'inflazione sia al 9%.

a) Si determini il livello della disoccupazione naturale $u_n$.

b) Si assuma che le autorità di politica economica vogliano portare l'inflazione a 0 e decidano di ridurre l'inflazione di nove punti percentuali al tempo t. Si descrivano gli effetti di tale decisione sulla disoccupazione in t, t + 1, t + 2 e t + 3.

c) Si assuma che le autorità di politica economica vogliano

portare l'inflazione a 0 e decidano di ridurre l'inflazione di tre punti percentuali al tempo t, di tre punti percentuali al tempo t + 1 e di tre punti percentuali al tempo t + 2. Si descrivano gli effetti di tale decisione sulla disoccupazione in t, t + 1, t + 2 e t + 3.

d) Si confrontino le conseguenze delle due manovre specificandone vantaggi e svantaggi alternativi.

e) Si assuma ora che, data la situazione iniziale ($u_{t-1} = u_n$ e $\pi_{t-1} = 9\%$) le autorità di politica economica vogliano portare al tempo t la disoccupazione al 4,5% e mantenerla costante a quel livello. Si descrivano gli effetti sull'inflazione di tale decisione in t, t + 1 e t + 2.

## Soluzione

a) $u_n = 5\%$

b) $u_t = 9,5\%$

$u_{t+1} = 5\%$

$u_{t+2} = 5\%$

$u_{t+3} = 5\%$

c) $u_t = 6,5\%$

$u_{t+1} = 6,5\%$

$u_{t+2} = 6,5\%$

$u_{t+3} = 5\%$

e) $\pi_t = 10\%$

$\pi_{t+1} = 11\%$

$\pi_{t+2} = 12\%$

## ➢ ESERCIZIO 35

Si consideri una economia caratterizzata dalla seguente curva di Phillips:

$$\pi_t = \pi_{t-1} + 0{,}12 - 3u_t$$

e si assuma che al tempo t – 1 l'inflazione sia al 6%.

a) Si determini il livello della disoccupazione naturale $u_n$.

b) Si assuma che le autorità di politica economica vogliano portare l'inflazione a 0 e decidano di ridurre l'inflazione di sei punti percentuali al tempo t. Si descrivano gli effetti di tale decisione sulla disoccupazione in t, t + 1, t + 2 e t + 3.

c) Si assuma che le autorità di politica economica vogliano portare l'inflazione a 0 e decidano di ridurre l'inflazione di due punti percentuali al tempo t, di due punti percentuali al tempo t + 1 e di due punti percentuali al tempo t + 2. Si descrivano gli effetti di tale decisione sulla disoccupazione in t, t + 1, t + 2 e t + 3.

d) Si confrontino le conseguenze delle due manovre specificandone vantaggi e svantaggi alternativi.

e) Si assuma ora che, data la situazione iniziale ($u_{t-1} = u_n$ e $\pi_{t-1} = 6\%$) le autorità di politica economica vogliano portare al tempo t la disoccupazione al 3,5% e mantenerla costante a quel livello. Si descrivano gli effetti sull'inflazione di tale decisione in t, t + 1 e t + 2.

## Soluzione

a) $u_n = 4\%$

b) $u_t = 6\%$

$u_{t+1} = 4\%$

$u_{t+2} = 4\%$

$u_{t+3} = 4\%$

c) $u_t = 4{,}66\%$

$u_{t+1} = 4{,}66\%$

$u_{t+2} = 4{,}66\%$

$u_{t+3} = 4\%$

e) $\pi_t = 7{,}5\%$

$\pi_{t+1} = 9\%$

$\pi_{t+2} = 10{,}5\%$

## ➢ ESERCIZIO 36

Si consideri una economia caratterizzata dalla seguente curva di Phillips:

$$\pi_t = \pi_{t-1} + 0{,}08 - 2u_t$$

e si assuma che al tempo t – 1 l'inflazione sia al 10%.

a) Si determini il livello della disoccupazione naturale $u_n$.

b) Si assuma che le autorità di politica economica vogliano portare l'inflazione al 2% e decidano di ridurre l'inflazione di otto punti percentuali al tempo t. Si descrivano gli effetti di tale decisione sulla disoccupazione in t, t + 1 e t + 2.

c) Si assuma che le autorità di politica economica vogliano portare l'inflazione al 2% e decidano di ridurre l'inflazione di cinque punti percentuali al tempo t, e di tre punti percentuali al tempo t + 1. Si descrivano gli effetti di tale decisione sulla disoccupazione in t, t + 1 e t + 2.

d) Si confrontino le conseguenze delle due manovre specificandone vantaggi e svantaggi alternativi.

e) Si assuma ora che, data la situazione iniziale ($u_{t-1} = u_n$ e $\pi_{t-1} = 10\%$) le autorità di politica economica vogliano portare al tempo t la disoccupazione al 3,5% e mantenerla costante a quel livello. Si descrivano gli effetti sull'inflazione di tale decisione in t, t + 1 e t + 2.

## 🕮 Soluzione

a) $u_n = 4\%$

b) $u_t = 8\%$

$u_{t+1} = 4\%$

$u_{t+2} = 4\%$

c) $u_t = 6{,}5\%$

$u_{t+1} = 5{,}5\%$

$u_{t+2} = 4\%$

e) $\pi_t = 11\%$

$\pi_{t+1} = 12\%$

$\pi_{t+2} = 13\%$

### ➢ Esercizio 37

Si consideri una economia caratterizzata dalla seguente curva di Phillips:

$$\pi_t = \pi_{t-1} + 0{,}20 - 4u_t$$

e si assuma che al tempo t – 1 l'inflazione sia al 16%.

a) Si determini il livello della disoccupazione naturale $u_n$.

b) Si assuma che le autorità di politica economica vogliano portare l'inflazione all'1% e decidano di ridurre l'inflazione di quindici punti percentuali al tempo t. Si descrivano gli effetti di tale decisione sulla disoccupazione in t, t + 1, t + 2 e t + 3.

c) Si assuma che le autorità di politica economica vogliano portare l'inflazione all'1% e decidano di ridurre l'inflazione di cinque punti percentuali al tempo t, di cinque punti percentuali al tempo t + 1 e di cinque punti percentuali al tempo t + 2. Si descrivano gli effetti di tale decisione sulla disoccupazione in t, t + 1, t + 2 e t + 3.

d) Si confrontino le conseguenze delle due manovre specificandone vantaggi e svantaggi alternativi.

e) Si assuma ora che, data la situazione iniziale ($u_{t-1} = u_n$ e $\pi_{t-1} = 15\%$) le autorità di politica economica vogliano portare al tempo t la disoccupazione al 4% e mantenerla costante a quel livello. Si descrivano gli effetti sull'inflazione di tale decisione in t, t + 1 e t + 2.

## Soluzione

a) $u_n = 5\%$

b) $u_t = 8{,}75\%$

$u_{t+1} = 5\%$

$u_{t+2} = 5\%$

$u_{t+3} = 5\%$

c) $u_t = 6{,}25\%$

$u_{t+1} = 6{,}25\%$

$u_{t+2} = 6{,}25\%$

$u_{t+3} = 5\%$

e) $\pi_t = 20\%$

$\pi_{t+1} = 24\%$

$\pi_{t+2} = 28\%$

## ➢ Esercizio 38

Si consideri una economia caratterizzata dalla seguente curva di Phillips:

$$\pi_t = \pi_{t-1} + 0{,}18 - 3u_t$$

e si assuma che al tempo t – 1 l'inflazione sia al 5%.

a) Si determini il livello della disoccupazione naturale $u_n$.

b) Si assuma che le autorità di politica economica vogliano portare l'inflazione al 3% e decidano di ridurre l'inflazione di due punti percentuali al tempo t. Si descrivano gli effetti di tale decisione sulla disoccupazione in t, t + 1 e t + 2.

c) Si assuma che le autorità di politica economica vogliano portare l'inflazione al 3% e decidano di ridurre l'inflazione di un punto percentuale al tempo t e di un punto percentuale al tempo t + 1. Si descrivano gli effetti di tale decisione sulla disoccupazione in t, t + 1 e t + 2.

d) Si confrontino le conseguenze delle due manovre specificandone vantaggi e svantaggi alternativi.

e) Si assuma ora che, data la situazione iniziale ($u_{t-1} = u_n$ e $\pi_{t-1} = 5\%$) le autorità di politica economica vogliano portare al tempo t la disoccupazione al 4% e mantenerla costante a quel livello. Si descrivano gli effetti sull'inflazione di tale decisione in t, t + 1 e t + 2.

## Soluzione

a) $u_n = 6\%$

b) $u_t = 6{,}66\%$

$u_{t+1} = 6\%$

$u_{t+2} = 6\%$

c) $u_t = 6{,}33\%$

$u_{t+1} = 6{,}33\%$

$u_{t+2} = 6\%$

e) $\pi_t = 11\%$

$\pi_{t+1} = 17\%$

$\pi_{t+2} = 23\%$

## ➢ Esercizio 39

Si consideri una economia caratterizzata dalla seguente curva di Phillips:

$$\pi_t = \pi_{t-1} + 0{,}15 - 3u_t$$

e si assuma che al tempo t – 1 l'inflazione sia al 15%.

a) Si determini il livello della disoccupazione naturale $u_n$.

b) Si assuma che le autorità di politica economica vogliano portare l'inflazione a 0 e decidano di ridurre l'inflazione di quindici punti percentuali al tempo t. Si descrivano gli effetti di tale decisione sulla disoccupazione in t, t + 1, t + 2 e t + 3.

c) Si assuma che le autorità di politica economica vogliano portare l'inflazione a 0 e decidano di ridurre l'inflazione di cinque punti percentuali al tempo t e di cinque punti percentuali al tempo t + 1 e di cinque punti percentuali al tempo t + 2. Si descrivano gli effetti di tale decisione sulla disoccupazione in t, t + 1, t + 2 e t + 3.

d) Si confrontino le conseguenze delle due manovre specificandone vantaggi e svantaggi alternativi.

e) Si assuma ora che, data la situazione iniziale ($u_{t-1} = u_n$ e $\pi_{t-1} = 3\%$) le autorità di politica economica vogliano portare al tempo t la disoccupazione al 4% e mantenerla costante a quel livello. Si descrivano gli effetti sull'inflazione di tale decisione in t, t + 1 e t + 2.

## 🕮 Soluzione

a) $u_n = 5\%$

b) $u_t = 10\%$
$u_{t+1} = 5\%$
$u_{t+2} = 5\%$
$u_{t+3} = 5\%$

c) $u_t = 6{,}66\%$
$u_{t+1} = 6{,}66\%$
$u_{t+2} = 6{,}66\%$
$u_{t+3} = 5\%$

e) $\pi_t = 18\%$
$\pi_{t+1} = 21\%$
$\pi_{t+2} = 24\%$

## 3. *Crescita di lungo periodo e accumulazione del capitale*

### ➤ ESERCIZIO 40

Si assuma che una economia presenti le seguenti caratteristiche:

Funzione di produzione ⇒ $Y_t = \sqrt{K_t N}$

Saggio di risparmio ⇒ $s = 0{,}5$

Tasso di deprezzamento del capitale ⇒ $\delta = 0{,}2$

Capitale per lavoratore iniziale (nel periodo 0) ⇒ $K_0/N = 3$.

Si assumano forze di lavoro costanti ed assenza di progresso tecnico e si consideri un modello di crescita di tipo neoclassico.

a) Si determini il tasso di crescita del capitale per lavoratore e del prodotto per lavoratore fra il periodo 0 ed il periodo 1.

b) Si determini il livello massimo raggiunto da capitale per lavoratore e prodotto per lavoratore.

c) Si determini il nuovo livello massimo raggiunto da capitale per lavoratore e prodotto per lavoratore sotto l'ipotesi che il saggio di risparmio aumenti passando a 0,6.

d) Si descrivano e commentino graficamente i risultati ottenuti.

### 🕮 Soluzione

a) L'esercizio richiede di determinare la crescita di prodotto per lavoratore e capitale per lavoratore. La formulazione della funzione di produzione proposta nei dati esprime il livello del prodotto. Il primo passaggio che deve essere implementato è quindi quello di modificare la funzione di produzione in modo da ottenere che essa esprima la determinazione del prodotto per lavoratore. La funzione presentata nei dati è

$$Y_t = \sqrt{K_t N} = K_t^{1/2} N^{1/2}$$

Dividendo entrambi i membri dell'equazione per N otteniamo

$$\frac{Y_t}{N} = \frac{K_t^{1/2} N^{1/2}}{N} = \frac{K_t^{1/2}}{N^{1/2}} = \sqrt{\frac{K_t}{N}}$$

Il livello del prodotto per lavoratore è quindi pari nell'esercizio alla radice quadrata del capitale per lavoratore.

In un modello di crescita di tipo neoclassico, la dinamica del capitale per lavoratore è determinata dalla differenza fra investimento e deprezzamento del capitale. In ciascun periodo, il deprezzamento avviene per ipotesi al tasso esogeno $\delta$ mentre l'investimento è determinato da una quota, pari al saggio di risparmio s, del prodotto per lavoratore. Ciò implica che l'equazione che esprime l'accumulazione del capitale sia data da

$$\frac{K_{t+1}}{N} - \frac{K_t}{N} = s\frac{Y_t}{N} - \delta\frac{K_t}{N}$$

Sostituendo la funzione di produzione determinata in precedenza nell'equazione si ottiene

$$\frac{K_{t+1}}{N} - \frac{K_t}{N} = s\sqrt{\frac{K_t}{N}} - \delta\frac{K_t}{N}$$

Utilizzando i dati del problema su saggio di risparmio e tasso di deprezzamento otteniamo, infine,

$$\frac{K_{t+1}}{N} - \frac{K_t}{N} = 0,5\sqrt{\frac{K_t}{N}} - 0,2\frac{K_t}{N}$$

L'equazione precedente descrive la dinamica del capitale fra il generico periodo t e il generico periodo t + 1. Poiché l'esercizio richiede di calcolare la dinamica fra 0 e 1 è sufficiente assumere t = 0 per avere

$$\frac{K_1}{N}-\frac{K_0}{N}=0,5\sqrt{\frac{K_0}{N}}-0,2\frac{K_0}{N}$$

Poiché sappiamo dai dati del problema che $K_0/N = 3$, la variazione del capitale fra 0 e 1 è pari a

$$\frac{K_1}{N}-\frac{K_0}{N}=0,5\sqrt{3}-0,2\times 3=0,27$$

Il tasso di crescita del capitale è quindi pari a

$$\frac{\frac{K_1}{N}-\frac{K_0}{N}}{\frac{K_0}{N}}=\frac{0,27}{3}=9\%$$

Fra il periodo 0 e il periodo 1 il capitale per lavoratore cresce del 9%.

Determiniamo ora il tasso di crescita del prodotto. Per farlo dobbiamo, innanzitutto, calcolare il livello del capitale per lavoratore in t + 1. Dai risultati precedenti è facile vedere che esso è pari a

$$\frac{K_1}{N}=\frac{K_0}{N}+0,27=3+0,27=3,27$$

Utilizzando ora la funzione di produzione possiamo determinare facilmente i valori del prodotto per lavoratore in 0 e 1:

$$\frac{Y_0}{N}=\sqrt{\frac{K_0}{N}}=\sqrt{3}=1,73$$

$$\frac{Y_1}{N}=\sqrt{\frac{K_1}{N}}=\sqrt{3,27}=1,80$$

Il tasso di crescita del prodotto per lavoratore fra 0 e 1 sarà quindi pari a

$$\frac{\frac{Y_1}{N}-\frac{Y_0}{N}}{\frac{Y_0}{N}}=\frac{1,80-1,73}{1,73}=4,0\%$$

Fra il periodo 0 e il periodo 1 il prodotto per lavoratore cresce del 4%.

b) In un modello di crescita di tipo neoclassico, in assenza di progresso tecnico, il capitale per lavoratore raggiunge il suo livello massimo quando l'accumulazione di capitale si interrompe. Ciò avviene quando investimento e deprezzamento coincidono e la variazione del capitale è nulla. Quando l'economia raggiunge tale situazione si dice che essa si trova in *stato stazionario*.

Per ottenere il valore massimo del capitale per lavoratore è dunque necessario assumere che l'accumulazione di capitale sia terminata, ossia che la variazione del capitale sia nulla. Analiticamente, utilizzando le equazioni del modello, ciò si verifica quando:

$$\frac{K_{t+1}}{N}-\frac{K_t}{N}=s\sqrt{\frac{K_t}{N}}-\delta\frac{K_t}{N}=0$$

ossia quando

$$s\sqrt{\frac{K_t}{N}}=\delta\frac{K_t}{N}$$

Partendo da questa equazione alcuni semplici passaggi algebrici implicano che il capitale per lavoratore raggiunge il suo livello massimo (che chiamiamo K*/N) quando

$$\frac{K^*}{N}=\left(\frac{s}{\delta}\right)^2$$

Nel caso studiato nell'esercizio tale valore è pari a

$$\frac{K^*}{N} = \left(\frac{0,5}{0,2}\right)^2 = 2,5^2 = 6,25$$

Il valore massimo raggiungibile dal capitale per lavoratore tramite l'accumulazione di capitale è dunque 6,25.

Utilizzando la funzione di produzione, infine, possiamo facilmente calcolare il valore massimo del prodotto per lavoratore (che chiamiamo Y*/N) che sarà pari a

$$\frac{Y^*}{N} = \sqrt{\frac{K^*}{N}} = \frac{s}{\delta}$$

Sostituendo i dati dell'esercizio si ottiene quindi

$$\frac{Y^*}{N} = \frac{0,5}{0,2} = 2,5$$

Il livello massimo raggiungibile dal prodotto per lavoratore in assenza di progresso tecnico è pari a 2,5.

c) I nuovi valori massimi di capitale per lavoratore e prodotto per lavoratore che caratterizzano l'economia nel caso in cui il suo tasso di risparmio aumenti passando da 0,5 a 0,6 sono facilmente determinabili ripetendo i calcoli al punto b). Abbiamo quindi in questo caso:

$$\frac{K^*}{N} = \left(\frac{0,6}{0,2}\right)^2 = 3^2 = 9$$

e

$$\frac{Y^*}{N} = \frac{0,6}{0,2} = 3$$

d) I valori massimi di capitale per lavoratore e prodotto per lavoratore raggiungibili nell'economia passano a causa dell'aumento del saggio di risparmio rispettivamente da 6,25 a 9 e da 2,5 a 3. Il maggior saggio di risparmio determina, infatti, una più ampia fase di accumulazione di capitale, che determina un maggior livello massimo di capitale per lavoratore e, quindi, di prodotto per lavoratore.

L'effetto dell'aumento del saggio di risparmio è descritto graficamente dal diagramma della Figura 6, dove sono mostrate, nella tipica rappresentazione del modello neoclassico di crescita, le funzioni di investimento (prima e dopo l'incremento di s da 0,5 a 0,6), la retta che esprime il deprezzamento e la funzione di produzione.

**Figura 6.** *Gli effetti di un aumento del saggio di risparmio*

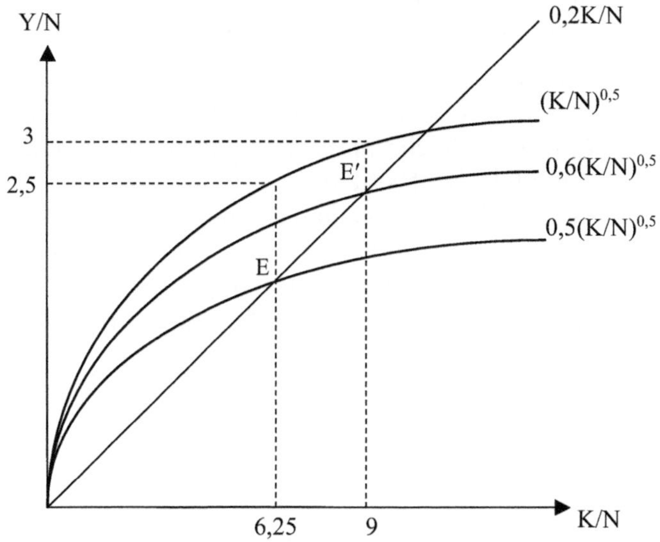


Prima dell'aumento del saggio di risparmio lo stato stazionario dell'economia è rappresentato dal punto E, dove capitale per lavoratore e prodotto per lavoratore si attestano rispettivamente ai valori 6,25 e 2,5. L'aumento del saggio di risparmio determina lo spostamento verso l'alto della funzione degli investimenti. Il nuovo stato stazionario sarà rappresentato dal punto E′ dove capitale per lavoratore e prodotto per lavoratore si attestano rispettivamente su livelli pari a 9 e 3.

### ➤ ESERCIZIO 41

Si assuma che una economia presenti le seguenti caratteristiche:
Funzione di produzione ⇒ $Y_t = \sqrt{K_t N}$
Saggio di risparmio ⇒ $s = 0,5$
Tasso di deprezzamento del capitale ⇒ $\delta = 0,1$
Capitale per lavoratore iniziale (nel periodo 0) ⇒ $K_0/N = 3$.

Si assumano forze di lavoro costanti ed assenza di progresso tecnico e si consideri un modello di crescita di tipo neoclassico.

a) Si determini il tasso di crescita del capitale per lavoratore e del prodotto per lavoratore fra il periodo 0 ed il periodo 1.

b) Si determini il livello massimo raggiunto da capitale per lavoratore e prodotto per lavoratore.

c) Si determini il nuovo livello massimo raggiunto da capitale per lavoratore e prodotto per lavoratore sotto l'ipotesi che il saggio di risparmio aumenti passando a 0,6.

d) Si descrivano e commentino graficamente i risultati ottenuti.

### 🕮 Soluzione

a) Tasso di crescita di K/N = 18,9%
   Tasso di crescita di Y/N = 9%

b) $K^*/N = 25$
   $Y^*/N = 5$

c) $K^*/N = 36$
   $Y^*/N = 6$

### ➢ Esercizio 42

Si assuma che una economia presenti le seguenti caratteristiche:
Funzione di produzione ⇒ $Y_t = \sqrt{K_t N}$
Saggio di risparmio ⇒ $s = 0,4$
Tasso di deprezzamento del capitale ⇒ $\delta = 0,2$
Capitale per lavoratore iniziale (nel periodo 0) ⇒ $K_0/N = 3$.

Si assumano forze di lavoro costanti ed assenza di progresso tecnico e si consideri un modello di crescita di tipo neoclassico.

a) Si determini il tasso di crescita del capitale per lavoratore e del prodotto per lavoratore fra il periodo 0 ed il periodo 1.

b) Si determini il livello massimo raggiunto da capitale per lavoratore e prodotto per lavoratore.

c) Si determini il nuovo livello massimo raggiunto da capitale per lavoratore e prodotto per lavoratore sotto l'ipotesi che il saggio di risparmio si riduca passando a 0,3.

d) Si descrivano e commentino graficamente i risultati ottenuti.

### Soluzione

a) Tasso di crescita di K/N = 3,1%
   Tasso di crescita di Y/N = 1,5%

b) $K^*/N = 4$
   $Y^*/N = 2$

c) $K^*/N = 2,25$
   $Y^*/N = 1,5$

### ➢ Esercizio 43

Si assuma che una economia presenti le seguenti caratteristiche:
Funzione di produzione ⇒ $Y_t = \sqrt{K_t N}$
Saggio di risparmio ⇒ $s = 0,4$

Tasso di deprezzamento del capitale $\Rightarrow \delta = 0,1$
Capitale per lavoratore iniziale (nel periodo 0) $\Rightarrow K_0/N = 3$.

Si assumano forze di lavoro costanti ed assenza di progresso tecnico e si consideri un modello di crescita di tipo neoclassico.

a) Si determini il tasso di crescita del capitale per lavoratore e del prodotto per lavoratore fra il periodo 0 ed il periodo 1.
b) Si determini il livello massimo raggiunto da capitale per lavoratore e prodotto per lavoratore.
c) Si determini il nuovo livello massimo raggiunto da capitale per lavoratore e prodotto per lavoratore sotto l'ipotesi che il saggio di risparmio si riduca passando a 0,3.
d) Si descrivano e commentino graficamente i risultati ottenuti.

## 🕮 Soluzione

a) Tasso di crescita di K/N = 13,1%
Tasso di crescita di Y/N = 6,3%
b) $K^*/N = 16$
$Y^*/N = 4$
c) $K^*/N = 9$
$Y^*/N = 3$

## ➤ Esercizio 44

Si assuma che una economia presenti le seguenti caratteristiche:
Funzione di produzione $\Rightarrow Y_t = \sqrt{K_t N}$
Saggio di risparmio $\Rightarrow s = 0,35$
Tasso di deprezzamento del capitale $\Rightarrow \delta = 0,1$
Capitale per lavoratore iniziale (nel periodo 0) $\Rightarrow K_0/N = 2$.

Si assumano forze di lavoro costanti ed assenza di progresso tecnico e si consideri un modello di crescita di tipo neoclassico.

a) Si determini il tasso di crescita del capitale per lavoratore e del prodotto per lavoratore fra il periodo 0 ed il periodo 1.

b) Si determini il livello massimo raggiunto da capitale per lavoratore e prodotto per lavoratore.

c) Si determini il nuovo livello massimo raggiunto da capitale per lavoratore e prodotto per lavoratore sotto l'ipotesi che il saggio di risparmio aumenti passando a 0,45.

d) Si descrivano e commentino graficamente i risultati ottenuti.

## 🕮 Soluzione

a) Tasso di crescita di K/N = 14,7%
   Tasso di crescita di Y/N = 7,1%

b) K*/N = 12,25
   Y*/N = 3,5

c) K*/N = 20,25
   Y*/N = 4,5

## ➤ Esercizio 45

Si assuma che una economia presenti le seguenti caratteristiche:

Funzione di produzione ⇒ $Y_t = \sqrt{K_t N}$

Saggio di risparmio ⇒ $s = 0,5$

Tasso di deprezzamento del capitale ⇒ $\delta = 0,25$

Capitale per lavoratore iniziale (nel periodo 0) ⇒ $K_0/N = 1,5$.

Si assumano forze di lavoro costanti ed assenza di progresso tecnico e si consideri un modello di crescita di tipo neoclassico.

a) Si determini il tasso di crescita del capitale per lavoratore e del prodotto per lavoratore fra il periodo 0 ed il periodo 1.

b) Si determini il livello massimo raggiunto da capitale per lavoratore e prodotto per lavoratore.

c) Si determini il nuovo livello massimo raggiunto da capitale per lavoratore e prodotto per lavoratore sotto l'ipotesi che il saggio di risparmio si riduca passando a 0,45.

d) Si descrivano e commentino graficamente i risultati ottenuti.

## Soluzione

a) Tasso di crescita di K/N = 15,8%
   Tasso di crescita di Y/N = 7,6%

b) K*/N = 4
   Y*/N = 2

c) K*/N = 3,24
   Y*/N = 1,8

## ➤ Esercizio 46

Si assuma che una economia presenti le seguenti caratteristiche:

Funzione di produzione ⇒ $Y_t = \sqrt{K_t N}$

Saggio di risparmio ⇒ $s = 0,5$

Tasso di deprezzamento del capitale ⇒ $\delta = 0,2$

Capitale per lavoratore iniziale (nel periodo 0) ⇒ $K_0/N = 1,2$.

Si assumano forze di lavoro costanti ed assenza di progresso tecnico e si consideri un modello di crescita di tipo neoclassico.

a) Si determini il tasso di crescita del capitale per lavoratore e del prodotto per lavoratore fra il periodo 0 ed il periodo 1.

b) Si determini il livello massimo raggiunto da capitale per lavoratore e prodotto per lavoratore.

c) Si determini il nuovo livello massimo raggiunto da capitale per lavoratore e prodotto per lavoratore sotto l'ipotesi che il saggio di risparmio si riduca passando a 0,4.

d) Si descrivano e commentino graficamente i risultati ottenuti.

## Soluzione

a) Tasso di crescita di K/N = 25,6%
Tasso di crescita di Y/N = 12,1%

b) K*/N = 6,25
Y*/N = 2,5

c) K*/N = 4
Y*/N = 2

## ➤ Esercizio 47

Si assuma che una economia presenti le seguenti caratteristiche:

Funzione di produzione ⇒ $Y_t = \sqrt{K_t N}$
Saggio di risparmio ⇒ $s = 0,5$
Tasso di deprezzamento del capitale ⇒ $\delta = 0,3$
Capitale per lavoratore iniziale (nel periodo 0) ⇒ $K_0/N = 2$.

Si assumano forze di lavoro costanti ed assenza di progresso tecnico e si consideri un modello di crescita di tipo neoclassico.

a) Si determini il tasso di crescita del capitale per lavoratore e del prodotto per lavoratore fra il periodo 0 ed il periodo 1.

b) Si determini il livello massimo raggiunto da capitale per lavoratore e prodotto per lavoratore.

c) Si determini il nuovo livello massimo raggiunto da capitale per lavoratore e prodotto per lavoratore sotto l'ipotesi che il saggio di risparmio si riduca passando a 0,4.

d) Si descrivano e commentino graficamente i risultati ottenuti.

## Soluzione

a) Tasso di crescita di K/N = 5,4%
Tasso di crescita di Y/N = 2,6%

b) $K^*/N = 2{,}77$

$Y^*/N = 1{,}66$

c) $K^*/N = 1{,}77$

$Y^*/N = 1{,}33$

## ➤ ESERCIZIO 48

Si assuma che una economia presenti le seguenti caratteristiche:
Funzione di produzione ⇒ $Y_t = \sqrt{K_t N}$
Saggio di risparmio ⇒ $s = 0{,}3$
Tasso di deprezzamento del capitale ⇒ $\delta = 0{,}05$
Capitale per lavoratore iniziale (nel periodo 0) ⇒ $K_0/N = 20$.

Si assumano forze di lavoro costanti ed assenza di progresso tecnico e si consideri un modello di crescita di tipo neoclassico.

a) Si determini il tasso di crescita del capitale per lavoratore e del prodotto per lavoratore fra il periodo 0 ed il periodo 1.

b) Si determini il livello massimo raggiunto da capitale per lavoratore e prodotto per lavoratore.

c) Si determini il nuovo livello massimo raggiunto da capitale per lavoratore e prodotto per lavoratore sotto l'ipotesi che il saggio di risparmio aumenti passando a 0,35.

d) Si descrivano e commentino graficamente i risultati ottenuti.

### Soluzione

a) Tasso di crescita di $K/N = 1{,}7\%$

Tasso di crescita di $Y/N = 0{,}9\%$

b) $K^*/N = 36$

$Y^*/N = 6$

c) $K^*/N = 49$

$Y^*/N = 7$

## ➤ Esercizio 49

Si assuma che una economia presenti le seguenti caratteristiche:

Funzione di produzione ⇒$Y_t = \sqrt{K_t N}$

Saggio di risparmio ⇒ $s = 0{,}3$

Tasso di deprezzamento del capitale ⇒$\delta = 0{,}07$

Capitale per lavoratore iniziale (nel periodo 0) ⇒ $K_0/N = 18$.

Si assumano forze di lavoro costanti ed assenza di progresso tecnico e si consideri un modello di crescita di tipo neoclassico.

a) Si determini il tasso di crescita del capitale per lavoratore e del prodotto per lavoratore fra il periodo 0 ed il periodo 1.

b) Si determini il livello massimo raggiunto da capitale per lavoratore e prodotto per lavoratore.

c) Si determini il nuovo livello massimo raggiunto da capitale per lavoratore e prodotto per lavoratore sotto l'ipotesi che il saggio di risparmio aumenti passando a 0,35.

d) Si descrivano e commentino graficamente i risultati ottenuti.

## 🕮 Soluzione

a) Tasso di crescita di K/N = 0,07%

Tasso di crescita di Y/N = 0,03%

b) K*/N = 18,36

Y*/N = 4,28

c) K*/N = 25

Y*/N = 5

## ➤ Esercizio 50

Si assuma che una economia presenti le seguenti caratteristiche:

Funzione di produzione ⇒ $Y_t = \sqrt{K_t N}$

Saggio di risparmio ⇒$s = 0{,}4$

Tasso di deprezzamento del capitale $\Rightarrow \delta = 0{,}15$

Capitale per lavoratore iniziale (nel periodo 0) $\Rightarrow K_0/N = 5$.

Si assumano forze di lavoro costanti ed assenza di progresso tecnico e si consideri un modello di crescita di tipo neoclassico.

a) Si determini il tasso di crescita del capitale per lavoratore e del prodotto per lavoratore fra il periodo 0 ed il periodo 1.

b) Si determini il livello massimo raggiunto da capitale per lavoratore e prodotto per lavoratore.

c) Si determini il nuovo livello massimo raggiunto da capitale per lavoratore e prodotto per lavoratore sotto l'ipotesi che il saggio di risparmio si riduca passando a 0,3.

d) Si descrivano e commentino graficamente i risultati ottenuti.

**Soluzione**

a) Tasso di crescita di K/N = 2,89%
   Tasso di crescita di Y/N = 1,43%

b) $K^*/N = 7{,}11$
   $Y^*/N = 2{,}66$

c) $K^*/N = 4$
   $Y^*/N = 2$

## 4. *Equilibrio del mercato dei beni in economia aperta*

### ➤ ESERCIZIO 51

Si consideri una economia caratterizzata dalle seguenti equazioni:

$C = 400 + 0{,}5Y^D$

$I = 700 - 4.000i + 0{,}2Y$

$G = 200$

$T = 200$

$X = 100 + 0{,}1Y^* - 100\varepsilon$
$IM = 0{,}1Y + 100\varepsilon$
$\varepsilon = 0{,}5$
$i = 0{,}1$
$Y^* = 1.000$

a) Si determinino i valori di equilibrio di produzione, consumo, investimento ed esportazioni nette.

b) Si assuma cha la spesa pubblica diminuisca passando a 100. Si determinino i nuovi valori di equilibrio di produzione ed esportazioni nette.

c) Si commentino graficamente i risultati ottenuti e se ne spieghino le cause.

## Soluzione

a) L'esercizio richiede la determinazione dell'equilibrio di breve periodo in economia aperta. La risoluzione può essere attuata seguendo i passi seguenti:

1) Si determina il valore di equilibrio della produzione eguagliando domanda aggregata di beni ed offerta aggregata di beni.

2) Si determinano i valori di equilibrio di consumi, investimenti ed esportazioni nette sostituendo nelle equazioni che li descrivono il valore di equilibrio della produzione.

Allo scopo di eguagliare domanda aggregata ed offerta aggregata di beni si ricordi che in economia aperta la domanda aggregata è costituita da:

$$Z = C + I + G + X - IM/\varepsilon$$

Le esportazioni si sommano alle componenti della domanda che caratterizzano l'economia chiusa perché esse rappresentano beni prodotti all'interno e ceduti all'estero. Le importazioni vengono, invece, sottratte perché esse rappresentano beni domandati all'interno ma prodotti all'estero. Esse vengono divise per il tasso di cambio reale per rendere la grandezza omogenea alle altre componenti della domanda.

Utilizzando la formula precedente congiuntamente ai dati del problema otteniamo

$$Z = 400 + 0{,}5 \times (Y - 200) + 700 + 0{,}2Y - 4.000 \times 0{,}1 + 200 + \\ + 100 + 0{,}1 \times 1.000 - 100 \times 0{,}5 - [0{,}1Y + 100 \times 0{,}5]/0{,}5 = \\ = 850 + 0{,}5Y$$

Eguagliando ora la domanda aggregata all'offerta aggregata Y otteniamo

$$Y_E = 850 + 0{,}5Y_E$$

da cui

$$Y_E = \frac{1}{1 - 0{,}5} 850 = 1.700$$

La produzione di equilibrio dell'economia è pari a 1700.

Dal valore della produzione possiamo facilmente ottenere i valori di consumo e investimento sostituendo il valore di $Y_E$ nelle equazioni fornite nei dati. Abbiamo quindi

$$C_E = 400 + 0{,}5 \times (1.700 - 200) = 1.150$$

$$I_E = 700 - 4.000 \times 0{,}1 + 0{,}2 \times 1.700 = 640$$

Consumi e investimenti si attestano rispettivamente su valori pari a 1.150 e 640.

Il valore delle esportazioni nette NX viene determinato tramite l'equazione

$$NX = X - IM/\varepsilon$$

Si ricorda che l'economia presenta un avanzo commerciale quando $NX > 0$, il pareggio della bilancia commerciale quando $NX = 0$ e un disavanzo commerciale quando $NX < 0$.

Il valore delle esportazioni dell'economia (che non dipende dalla produzione interna) è dato da:

$$X = 100 + 0{,}1 \times 1.000 - 100 \times 0{,}5 = 150$$

Sostituendo il valore della produzione di equilibrio nella equazione delle importazioni si ottiene:

$$IM_E = 0{,}1 \times 1.700 + 100 \times 0{,}5 = 220$$

Dall'equazione precedente abbiamo quindi

$$NX_E = 150 - 220/0{,}5 = -\,290$$

Il valore delle esportazioni nette è pari a – 290. Il dato è negativo per cui l'economia presenta un disavanzo commerciale.

b) La risoluzione è del tutto analoga a quella del punto precedente.

Calcoliamo il nuovo livello di equilibrio del prodotto. La domanda aggregata è pari a

$$Z = 400 + 0{,}5 \times (Y - 200) + 700 + 0{,}2Y - 4.000 \times 0{,}1 + 100 + \\ + 100 + 0{,}1 \times 1.000 - 100 \times 0{,}5 - [0{,}1Y + 100 \times 0{,}5]/0{,}5 = \\ = 750 + 0{,}5Y$$

Eguagliando ora la domanda aggregata all'offerta aggregata Y otteniamo

$$Y_E = 750 + 0{,}5Y_E$$

da cui

$$Y_E = \frac{1}{1 - 0{,}5} 750 = 1.500$$

La produzione di equilibrio dell'economia scende a 1.500.

Per quanto riguarda le esportazioni nette abbiamo, infine,

$$X = 150$$

(invariato rispetto al punto a))

$$IM_E = 0{,}1 \times 1.500 + 100 \times 0{,}5 = 200$$

Dall'equazione precedente abbiamo quindi

$$NX_E = 150 - 200/0{,}5 = -\,250$$

Le esportazioni nette salgono a – 250. L'economia presenta ancora un disavanzo commerciale ma di minore entità.

c) Gli effetti della manovra sono descritti dal grafico seguente. Il livello del prodotto diminuisce per il calo della domanda aggregata (causato dalla minore spesa pubblica) evidenziato nel

**Figura 7.** – *Gli effetti della riduzione della spesa pubblica su produzione ed esportazioni nette*

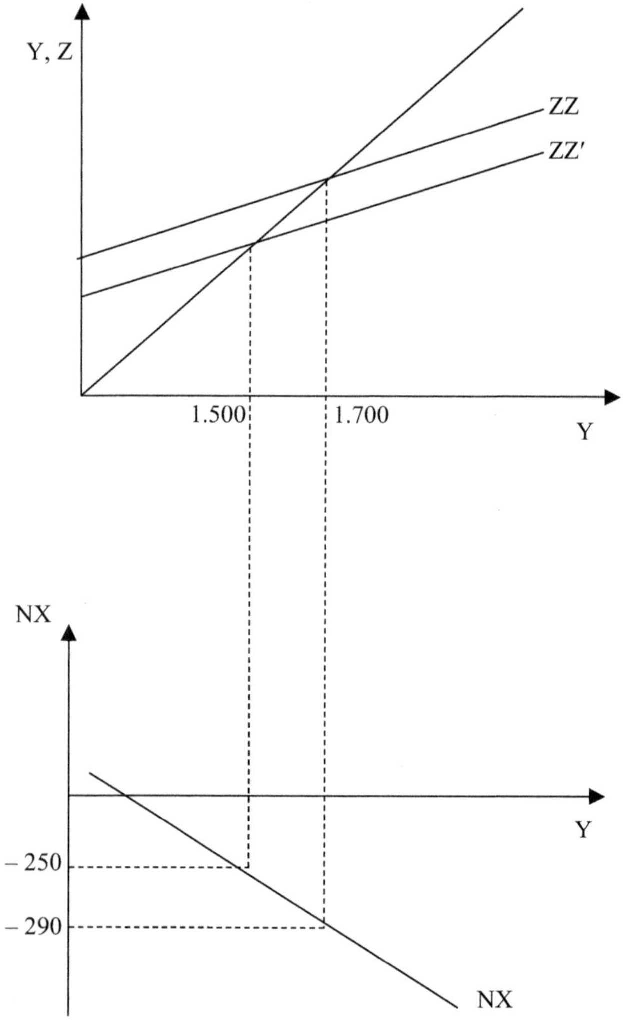

grafico tramite lo spostamento della curva ZZ in ZZ′. Come mostrato nel diagramma, a parità di esportazioni, il minor reddito determina un calo delle importazioni generando un miglioramento del saldo della bilancia commerciale.

## ➤ ESERCIZIO 52

Si consideri una economia caratterizzata dalle seguenti equazioni:

$$\begin{aligned}
C &= 500 + 0{,}5Y^D \\
I &= 700 - 5.000i + 0{,}2Y \\
G &= 300 \\
T &= 200 \\
X &= 400 + 0{,}1Y^* - 100\varepsilon \\
IM &= 0{,}1Y + 200\varepsilon \\
\varepsilon &= 0{,}5 \\
i &= 0{,}1 \\
Y^* &= 1.000
\end{aligned}$$

a) Si determinino i valori di equilibrio di produzione, consumo, investimento ed esportazioni nette.

b) Si assuma cha il reddito estero aumenti passando a 1500. Si determinino i nuovi valori di equilibrio di produzione ed esportazioni nette.

c) Si commentino graficamente i risultati ottenuti e se ne spieghino le cause.

## 🕮 Soluzione

a) La risoluzione è analoga al punto a) dell'esercizio precedente. Il valore complessivo della domanda aggregata è pari a

$$\begin{aligned}
Z = 500 + 0{,}5 \times (Y - 200) + 700 + 0{,}2Y - 5.000 \times 0{,}1 + 300 + \\
+ 400 + 0{,}1 \times 1.000 - 100 \times 0{,}5 - [0{,}1Y + 200 \times 0{,}5]/0{,}5 = \\
= 1.150 + 0{,}5Y
\end{aligned}$$

Eguagliando la domanda aggregata all'offerta aggregata Y otteniamo

$$Y_E = 1150 + 0{,}5Y_E$$

da cui

$$Y_E = \frac{1}{1-0{,}5}\,1.150 = 2.300$$

La produzione di equilibrio dell'economia è pari a 2.300.

Sostituendo tale valore nelle equazioni di consumo e investimento otteniamo:

$$C_E = 500 + 0{,}5 \times (2.300 - 200) = 1.550$$

$$I_E = 700 - 5.000 \times 0{,}1 + 0{,}2 \times 2.300 = 660$$

Consumi e investimenti si attestano rispettivamente su valori pari a 1.550 e 660.

Il valore delle esportazioni nette è, infine, pari a

$$NX = X - IM/\varepsilon = 400 + 0{,}1 \times 1.000 - 100 \times 0{,}5 -$$
$$- [0{,}1 \times 2.300 + 200 \times 0{,}5]/0{,}5 = -210$$

Le esportazioni nette si attestano su un valore pari a – 210. La bilancia commerciale è in disavanzo.

b) Ricalcoliamo l'equilibrio dato il nuovo livello del reddito estero. Il valore complessivo della domanda aggregata è pari a:

$$Z = 500 + 0{,}5 \times (Y - 200) + 700 + 0{,}2Y - 5.000 \times 0{,}1 + 300 + +$$
$$400 + 0{,}1 \times 1.500 - 100 \times 0{,}5 - [0{,}1Y + 200 \times 0{,}5]/0{,}5 =$$
$$= 1.150 + 0{,}5Y$$

Eguagliando la domanda aggregata all'offerta aggregata Y otteniamo

$$Y_E = 1.200 + 0{,}5Y_E$$

da cui

$$Y_E = \frac{1}{1-0{,}5}\,1.200 = 2.400$$

La nuova produzione di equilibrio dell'economia è pari a 2.400.

Ricalcoliamo ora le esportazioni nette:

$$NX = X - IM/\varepsilon = 400 + 0{,}1 \times 1.500 - 100 \times 0{,}5 -$$
$$- [0{,}1 \times 2.400 + 200 \times 0{,}5]/0{,}5 = - 180$$

L'economia mantiene un disavanzo commerciale pari a – 180 anche se più ridotto di quello registrato prima dell'incremento del reddito estero.

c) Gli effetti dell'incremento del reddito estero sono descritti dalla figura 8 seguente. L'incremento determina innanzitutto un aumento delle esportazioni che causa uno spostamento della curva di domanda aggregata da ZZ a ZZ′. Tale spostamento spiega l'aumento del reddito di equilibrio.

L'aumento delle esportazioni determina anche uno spostamento verso l'alto della curva che rappresenta le esportazioni nette da NX a NX′. Tale spostamento causa un miglioramento della bilancia commerciale. Esso è però parzialmente contrastato dall'effetto sulle importazioni dell'aumento del reddito interno. L'effetto netto complessivo è costituito da un miglioramento del saldo della bilancia commerciale che appare però inferiore rispetto all'incremento delle esportazioni.

**Figura 8.** – *Gli effetti dell'aumento del reddito estero su produzione ed esportazioni nette*

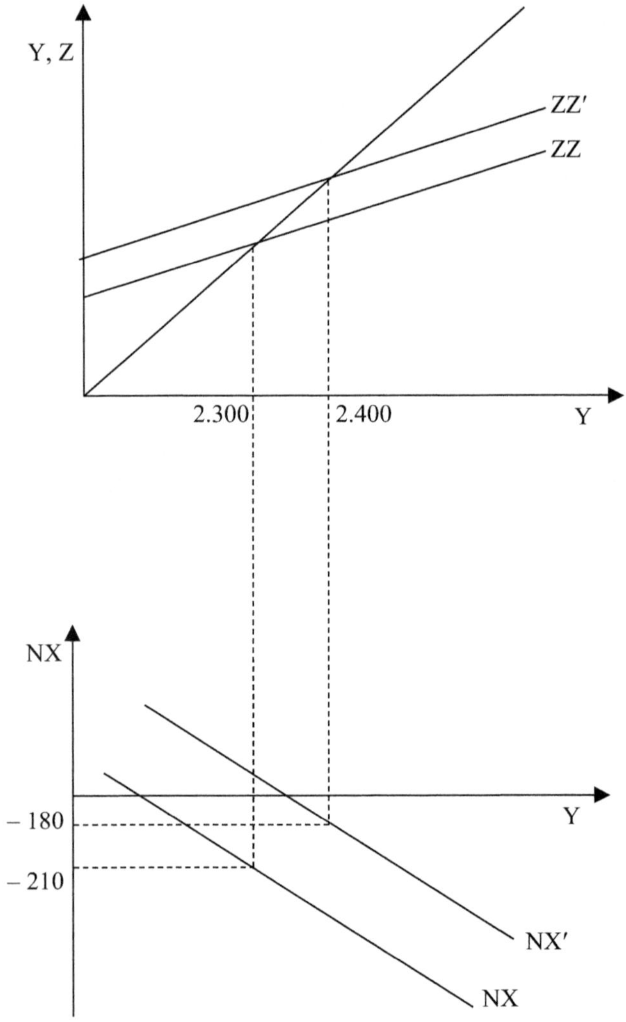

## ➢ ESERCIZIO 53

Si consideri una economia caratterizzata dalle seguenti equazioni:

$C = 500 + 0{,}5Y^D$
$I = 500 - 6.000i + 0{,}2Y$
$G = 500$
$T = 500$
$X = 100 + 0{,}1Y^* - 100\varepsilon$
$IM = 200 + 0{,}1Y + 150\varepsilon$
$\varepsilon = 0{,}5$
$i = 0{,}05$
$Y^* = 5.000$

a) Si determinino i valori di equilibrio di produzione, consumo, investimento ed esportazioni nette.

b) Si assuma cha la spesa pubblica aumenti passando a 700. Si determinino i nuovi valori di equilibrio di produzione ed esportazioni nette.

c) Si commentino graficamente i risultati ottenuti e se ne spieghino le cause.

## 🕮 Soluzione

a) $Y_E = 1900$
$C_E = 1200$
$I_E = 580$
$NX_E = -380$

b) $Y_E = 2.300$
$NX_E = -460$

## ➤ ESERCIZIO 54

Si consideri una economia caratterizzata dalle seguenti equazioni:

$C = 500 + 0{,}5Y^D$
$I = 500 - 6.000i + 0{,}2Y$
$G = 1.000$
$T = 500$
$X = 100 + 0{,}1Y^* - 150\varepsilon$
$IM = 200 + 0{,}1Y + 50\varepsilon$
$\varepsilon = 0{,}5$
$i = 0{,}05$
$Y^* = 5.000$

a) Si determinino i valori di equilibrio di produzione, consumo, investimento ed esportazioni nette.

b) Si assuma cha la spesa pubblica venga ridotta passando a 500. Si determinino i nuovi valori di equilibrio di produzione ed esportazioni nette.

c) Si commentino graficamente i risultati ottenuti e se ne spieghino le cause.

### 🕮 Soluzione

a) $Y_E = 3\ 050$
$C_E = 1.775$
$I_E = 810$
$NX_E = -535$

b) $Y_{E'} = 2.050$
$C_{E'} = 1.275$
$I_{E'} = 610$
$NX_{E'} = -335$

## ➤ Esercizio 55

Si consideri una economia caratterizzata dalle seguenti equazioni:

$C = 800 + 0{,}5Y^D$
$I = 700 - 4.000i + 0{,}2Y$
$G = 800$
$T = 600$
$X = 700 + 0{,}1Y^* - 250\varepsilon$
$IM = 400 + 0{,}1Y + 100\varepsilon$
$\varepsilon = 0{,}5$
$i = 0{,}05$
$Y^* = 6.000$

a) Si determinino i valori di equilibrio di produzione, consumo, investimento ed esportazioni nette.

b) Si assuma cha il prodotto estero aumenti passando a 7.000. Si determinino i nuovi valori di equilibrio di produzione ed esportazioni nette.

c) Si commentino graficamente i risultati ottenuti e se ne spieghino le cause.

## Soluzione

a) $Y_E = 4.150$
$C_E = 2.575$
$I_E = 1.330$
$NX_E = -555$

b) $Y_{E'} = 4.350$
$C_{E'} = 2.675$
$I_{E'} = 1.370$
$NX_{E'} = -495$

## ➤ ESERCIZIO 56

Si consideri una economia caratterizzata dalle seguenti equazioni:

$C = 800 + 0{,}5Y^D$
$I = 700 - 4.000i + 0{,}2Y$
$G = 1.000$
$T = 600$
$X = 700 + 0{,}1Y^* - 250\varepsilon$
$IM = 400 + 0{,}1Y + 100\varepsilon$
$\varepsilon = 0{,}5$
$i = 0{,}05$
$Y^* = 6.000$

a) Si determinino i valori di equilibrio di produzione, consumo, investimento ed esportazioni nette.

b) Si assuma cha il prodotto estero si riduca passando a 5000. Si determinino i nuovi valori di equilibrio di produzione ed esportazioni nette.

c) Si commentino graficamente i risultati ottenuti e se ne spieghino le cause.

### 🕮 Soluzione

a) $Y_E = 4.550$
$C_E = 2.775$
$I_E = 1.410$
$NX_E = -635$

b) $Y_{E'} = 4.350$
$C_{E'} = 2.675$
$I_{E'} = 1.370$
$NX_{E'} = -695$

## ➢ ESERCIZIO 57

Si consideri una economia caratterizzata dalle seguenti equazioni:

$C = 2.000 + 0{,}6Y^D$
$I = 2.000 - 5.000i + 0{,}2Y$
$G = 2.000$
$T = 1.500$
$X = 2.000 + 0{,}4Y^* - 250\varepsilon$
$IM = 1.200 + 0{,}4Y + 200\varepsilon$
$\varepsilon = 2$
$i = 0{,}05$
$Y^* = 10.000$

a) Si determinino i valori di equilibrio di produzione, consumo, investimento ed esportazioni nette.

b) Si assuma cha il prodotto estero aumenti passando a 11.000. Si determinino i nuovi valori di equilibrio di produzione ed esportazioni nette.

c) Si commentino graficamente i risultati ottenuti e se ne spieghino le cause.

## Soluzione

a) $Y_E = 23.875$
$C_E = 15.425$
$I_E = 6.525$
$NX_E = -5$

b) $Y_{E'} = 24.875$
$C_{E'} = 16.025$
$I_{E'} = 6.725$
$NX_{E'} = 125$

## ➤ ESERCIZIO 58

Si consideri una economia caratterizzata dalle seguenti equazioni:

$C = 1.800 + 0{,}6Y^D$
$I = 1.700 - 5.000i + 0{,}1Y$
$G = 2.500$
$T = 1.000$
$X = 2.000 + 0{,}2Y^* - 250\varepsilon$
$IM = 1.200 + 0{,}16Y + 100\varepsilon$
$\varepsilon = 0{,}8$
$i = 0{,}15$
$Y^* = 60.000$

a) Si determinino i valori di equilibrio di produzione, consumo, investimento ed esportazioni nette.

b) Si assuma cha il prodotto estero si riduca passando a 58000. Si determinino i nuovi valori di equilibrio di produzione ed esportazioni nette.

c) Si commentino graficamente i risultati ottenuti e se ne spieghino le cause.

## Soluzione

a) $Y_E = 33.700$
$C_E = 21.420$
$I_E = 4.320$
$NX_E = 5.460$

b) $Y_{E'} = 32.900$
$C_{E'} = 20.940$
$I_{E'} = 4.240$
$NX_{E'} = 5.220$

## ➢ ESERCIZIO 59

Si consideri una economia caratterizzata dalle seguenti equazioni:

$C = 80 + 0{,}6Y^D$
$I = 70 - 1.000i + 0{,}1Y$
$G = 200$
$T = 100$
$X = 50 + 0{,}2Y^* - 50\varepsilon$
$IM = 40 + 0{,}2Y + 10\varepsilon$
$\varepsilon = 2$
$i = 0{,}15$
$Y^* = 2.000$

a) Si determinino i valori di equilibrio di produzione, consumo, investimento ed esportazioni nette.

b) Si assuma cha la spesa pubblica aumenti passando a 400. Si determinino i nuovi valori di equilibrio di produzione ed esportazioni nette.

c) Si commentino graficamente i risultati ottenuti e se ne spieghino le cause.

## 🕮 Soluzione

a) $Y_E = 1.150$
$C_E = 710$
$I_E = 35$
$NX_E = 205$

b) $Y_{E'} = 1.650$
$C_{E'} = 1.010$
$I_{E'} = 85$
$NX_{E'} = 155$

## ➤ ESERCIZIO 60

Si consideri una economia caratterizzata dalle seguenti equazioni:

$C = 3.000 + 0,6Y^D$
$I = 4.000 - 5.000i + 0,2Y$
$G = 2.000$
$T = 1.500$
$X = 2.000 + 0,4Y^* - 250\varepsilon$
$IM = 1.200 + 0,36Y + 200\varepsilon$
$\varepsilon = 1,2$
$i = 0,15$
$Y^* = 50.000$

a) Si determinino i valori di equilibrio di produzione, consumo, investimento ed esportazioni nette.

b) Si assuma cha la spesa pubblica si riduca passando a 1.500. Si determinino i nuovi valori di equilibrio di produzione ed esportazioni nette.

c) Si commentino graficamente i risultati ottenuti e se ne spieghino le cause.

## 🕮 Soluzione

a) $Y_E = 55.700$
$C_E = 35.520$
$I_E = 14.390$
$NX_E = 3.790$

b) $Y_{E'} = 54.700$
$C_{E'} = 34.920$
$I_{E'} = 14.190$
$NX_{E'} = 4.090$

## ➤ ESERCIZIO 61

Si consideri una economia caratterizzata dalle seguenti equazioni:

$C = 800 + 0{,}6Y^D$
$I = 1.000 - 1.000i + 0{,}1Y$
$G = 2.200$
$T = 2.000$
$X = 1.000 + 0{,}2Y^* - 50\varepsilon$
$IM = 140 + 0{,}24Y + 100\varepsilon$
$\varepsilon = 2$
$i = 0{,}15$
$Y^* = 2.000$

a) Si determinino i valori di equilibrio di produzione, consumo, investimento ed esportazioni nette.

b) Si assuma che la spesa pubblica aumenti passando a 2900. Si determinino i nuovi valori di equilibrio di produzione ed esportazioni nette.

c) Si commentino graficamente i risultati ottenuti e se ne spieghino le cause.

## 🕮 Soluzione

a) $Y_E = 9.000$
$C_E = 5.000$
$I_E = 1.750$
$NX_E = 50$

b) $Y_{E'} = 10.666{,}6$
$C_{E'} = 6.000$
$I_{E'} = 1.916{,}6$
$NX_{E'} = -150$

## ➤ ESERCIZIO 62

Si consideri una economia caratterizzata dalle seguenti equazioni:

$C = 9.000 + 0{,}6Y^D$
$I = 7.000 - 1.000i + 0{,}1Y$
$G = 5.000$
$T = 4.000$
$X = 1.000 + 0{,}2Y^* - 50\varepsilon$
$IM = 1.200 + 0{,}2Y + 100\varepsilon$
$\varepsilon = 0{,}5$
$i = 0{,}15$
$Y^* = 30.000$

a) Si determinino i valori di equilibrio di produzione, consumo, investimento ed esportazioni nette.

b) Si assuma cha il prodotto estero si riduca passando a 23000. Si determinino i nuovi valori di equilibrio di produzione ed esportazioni nette.

c) Si commentino graficamente i risultati ottenuti e se ne spieghino le cause.

## 🕮 Soluzione

a) $Y_E = 32.750$
$C_E = 26.250$
$I_E = 10.125$
$NX_E = -8.625$

b) $Y_{E'} = 30.750$
$C_{E'} = 25.050$
$I_{E'} = 9.925$
$NX_{E'} = -9.225$

## ➤ ESERCIZIO 63

Si consideri una economia caratterizzata dalle seguenti equazioni:

$C = 10.000 + 0,5Y^D$
$I = 5.000 - 1.000i + 0,2Y$
$G = 6.500$
$T = 5.000$
$X = 2.000 + 0,2Y^* - 100\varepsilon$
$IM = 3.000 + 0,2Y + 150\varepsilon$
$\varepsilon = 2$
$i = 0,15$
$Y^* = 30.000$

a) Si determinino i valori di equilibrio di produzione, consumo, investimento ed esportazioni nette.

b) Si assuma cha il livello delle tasse aumenti passando a 6000. Si determinino i nuovi valori di equilibrio di produzione ed esportazioni nette.

c) Si commentino graficamente i risultati ottenuti e se ne spieghino le cause.

## 🕮 Soluzione

a) $Y_E = 62.500$
$C_E = 38.750$
$I_E = 17.350$
$NX_E = -100$

b) $Y_{E'} = 61.125$
$C_{E'} = 37.625$
$I_{E'} = 17.100$
$NX_{E'} = 25$

## ➢ ESERCIZIO 64

Si consideri una economia caratterizzata dalle seguenti equazioni:

$C = 50.000 + 0,5Y^D$
$I = 70.000 - 1.000i + 0,2Y$
$G = 400.000$
$T = 400.000$
$X = 8.000 + 0,2Y^* - 200\varepsilon$
$IM = 7.000 + 0,2Y + 250\varepsilon$
$\varepsilon = 2$
$i = 0,05$
$Y^* = 500.0000$

a) Si determinino i valori di equilibrio di produzione, consumo, investimento ed esportazioni nette.

b) Si assuma cha il livello delle tasse si riduca passando a 350000. Si determinino i nuovi valori di equilibrio di produzione ed esportazioni nette.

c) Si commentino graficamente i risultati ottenuti e se ne spieghino le cause.

### 🕮 Soluzione

a) $Y_E = 3.309.500$
$C_E = 1.504.750$
$I_E = 731.850$
$NX_E = 672.900$

b) $Y_{E'} = 3.372.000$
$C_E = 1.561.000$
$I_{E'} = 744.350$
$NX_{E'} = 666.650$

# Bibliografia


BARRO R.J. (1974), *Are Government Bonds Net Wealth?*, in *Journal of Political Economy*, 82, pp. 1095-1117.

FRIEDMAN M. (1957), *A Theory of the Consumption Function*, Princeton University Press, Princeton.

GERLACH S.-SCHNABEL G. (2000), *The Taylor Rule and Interest Rates in the EMU Area*, in *Economics Letters*, 67(2), pp. 165-171.

HANSEN A.H. (1949), *Monetary Theory and Fiscal Policy*, Mc Graw-Hill, New York.

HICKS J.R. (1937), *Mr. Keynes and the Classics: A Suggested Interpretation*, in *Econometrica*, 5, pp. 147-159.

JUDD J.-RUDEBUSCH G.M. (1998), *Taylor's Rule and the Fed*, in *Federal Reserve Bank of San Francisco Economic Review*.

KEYNES J.M. (1936), *The General Theory of Employment, Interest and Money*, MacMillan, Londra.

MODIGLIANI F.-BRUMBERG R. (1954), *Utility Analysis and the Consumption Function. An Interpretation of Cross-Section Data*, in K.K. KURIHARA, *Post-Keynesian Economics*, Rutgers University Press, Brunswick , pp. 388-436.

PHILLIPS A.W.H. (1958), *The Relation between Unemployment and the Rate of Growth of Money Wage Rate in the United Kingdom 1861-1957*, in *Econometrica*, 25, pp. 1-31.

POOLE W. (1970), *Optimal Choice of Monetary Policy Instrument in a Simple Stochastic Macro Model*, in *Quarterly Journal of Economics*, 84(2), pp. 197-216.

RICARDO D. (1817), *Principles of Political Economy and Taxation*, Murray, London.

ROMER D. (2000), *Keynesian Macroeconomics without the LM curve*, in *Journal of Economic Perspectives*, 14 (2), pp. 149-169.

TAYLOR J.B. (1993), *Discretion versus Policy Rules in Practice,* in *Carnegie-Rochester Conferences Series on Public Policy*, 39 (December), pp. 195-214.

TINBERGEN J. (1952), *On the Theory of Economic Policy*, North Holland, Amsterdam.

Finito di stampare nel mese di settembre 2018
nella LegoDigit s.r.l. – Via Galileo Galilei, 15/1
38015 Lavis (TN)